CHOSES

DE L'AUTRE MONDE

PAR

ALPHONSE BOULONGNE

auteur de : la Morale dans l'histoire naturelle.

SURSÙM!..

PARIS — DILLET, LIBRAIRE, RUE DE SÈVRES, 15

LILLE

L. LEFORT, IMPRIMEUR - LIBRAIRE.

CHOSES

DE L'AUTRE MONDE

CHOSES
DE L'AUTRE MONDE

ou

CONSIDÉRATIONS SUR L'AME, LES ANGES ET LES DÉMONS

PRÉSENTÉES AUX SOCIÉTAIRES DE S.-FRANÇOIS-XAVIER

PAR

ALPHONSE BOULONGNE

auteur de *la Morale dans l'histoire naturelle.*

> Ce qui est le plus réel, ce
> n'est pas ce qui se voit, ce qui
> s'entend, ce qui se touche.

———

LILLE

L. LEFORT, IMPRIMEUR - LIBRAIRE

M D CCC LXIII

Tous droits réservés.

A la mémoire

de ma sœur

Marie - Louise - Ermence

Boulongne.

AVANT-PROPOS

Paulo majora canamus. Mêlant, en un premier essai de composition littéraire, des considérations morales à des notions zoologiques, nous avons esquissé quelques traits du tableau de la création visible. Voici que maintenant une progression naturelle nous élève à une sphère supérieure. Car, dans la création, le visible n'est fait que pour mener notre esprit à l'invisible. C'est donc des créatures immatérielles que nous allons traiter, c'est-à-dire des âmes et des anges bons ou mauvais. Et quel est ici notre but? Dans l'humble mesure de nos forces, et selon la faible portée de notre plume, nous voulons seconder l'heureuse réaction tendant à rendre à la génération présente le sens presque perdu du monde extra-matériel. Cette réaction s'opère incontestablement, surtout dans la classe des hommes véritablement et solidement instruits. Mais tout le monde ne suit pas le mouvement. Sans parler des matérialistes d'instinct et d'habitude, qui se soucient peu de raisonnements, beaucoup de gens soi-disant *éclairés* continuent de subir l'influence de préjugés invétérés, et ne croient positivement qu'à la matière, qu'ils s'imaginent *comprendre*, parce qu'ils ont saisi quelques-unes de ses manières d'être, tandis que l'essentiel, le *substratum* échappe complètement à leurs investigations.

Le monde immatériel, c'est pour eux le monde des chimères : *credat Judæus Apella...*

Au milieu de l'étrange pêle-mêle des idées les plus opposées se heurtant au sein d'une société désorganisée qui tâtonne pour retrouver sa voie, nous rencontrons donc, à côté des esprits ancrés, pour ainsi dire, dans l'incrédulité, ceux, en beaucoup plus grand nombre, qui doutent, et ceux que la croyance antique et traditionnelle a ralliés sous sa bannière honorablement relevée. De ceux-ci l'on se moque encore de temps à autre, non plus sans doute, comme autrefois, avec les grands éclats du ricanement voltairien définitivement passé de mode, mais discrètement, avec ce demi-sourire de bonne compagnie qui a la prétention de laisser deviner beaucoup plus de choses qu'il n'en dit. Et cependant, entre l'incrédule, le sceptique et le croyant, il n'est point, tant s'en faut, impossible ni même difficile de montrer que

> Le plus âne des trois n'est pas celui qu'on pense [1].

C'est ce qu'ont déjà fait avant nous des écrivains renommés, dans des ouvrages de considérable importance. Bien que venant à leur suite, notre opuscule pourra néanmoins, nous l'espérons, n'être point sans avoir son utilité, à raison de la façon particulière dont la vérité s'y trouve présentée. Ce sont encore des discours, adressés à ce même auditoire mixte des sociétés de Saint-François-Xavier, où, rapprochés par le sentiment de

[1] LAFONTAINE : *le Meunier, son fils et l'âne.*

la confraternité chrétienne, les hommes quelquefois les plus instruits sont assis en la compagnie d'hommes souvent dénués de toute culture intellectuelle. Comme dans nos discours précédents d'histoire naturelle, nous nous sommes efforcés d'être compris de tout le monde, autant du moins que le permettait la difficulté d'un sujet que son élévation rendait moins accessible à toutes les intelligences. Entretenir certaines personnes de psychologie et de théologie, n'est pas, on le conçoit, si facile que de leur parler poissons et coquillages. Avons-nous réussi dans l'accomplissement de cette nouvelle tâche? C'est à nos auditeurs de répondre, ou plutôt c'est à nos lecteurs, puisque nos discours sont devenus un livre, soumis, en dernier ressort, au jugement de tous ceux qui lisent. La seule chose dont l'auteur puisse se rendre témoignage, c'est de n'avoir rien dit qui ne soit, de tout point, conforme à l'orthodoxie. Il en trouve une sûre garantie dans l'examen qu'a bien voulu faire de son travail l'ecclésiastique distingué[1] auquel il avait précédemment soumis le premier essai de sa plume, et qu'il prie de recevoir ici le nouvel hommage de sa vive et respectueuse gratitude.

[1] M. l'abbé Doby, professeur de rhétorique au petit séminaire de Noyon.

PREMIER DISCOURS

CHOSES
DE L'AUTRE MONDE

PREMIER DISCOURS

L'AME

MESSIEURS,

Assez longtemps je vous ai entretenus des merveilles de la création visible, dans la succession des divers tableaux de la nature, que, depuis plusieurs années, j'ai eu l'honneur de faire passer sous vos yeux. J'entreprends aujourd'hui une tâche nouvelle, et viens vous proposer de pénétrer avec moi dans un autre monde; monde invisible, immatériel, qui, se refusant absolument à nos sens, n'est accessible qu'à notre pensée. Il est au dedans de nous des esprits unis à nos corps, et qui font de nous des êtres mixtes : il est en dehors de nous des puissances spirituelles, les unes créées bonnes et demeurées telles, les autres volontairement déchues de leur primitive excellence, les unes comme les autres exerçant, en sens contraire, sur les destinées de l'humanité la plus énergique influence. L'existence des esprits, c'est-à-dire des âmes et des anges bons ou mauvais, c'est une vérité capitale, vérité à la fois rationnelle, historique et théologique, qui, dans la triple force que lui donnent et la conscience individuelle, et le témoignage du genre humain, et l'autorité dogmatique de l'Eglise, s'impose irrésistiblement à la raison du philosophe aussi bien qu'à la foi du fidèle; vérité plus d'une fois attaquée cependant : car s'il est difficile, peut-être même impossible de rencontrer un homme qui réellement ne croie pas en Dieu, les gens qui doutent de leur âme pourraient bien, j'en ai peur, n'être point excessivement rares ; et pas n'est besoin d'allumer la lanterne de Diogène pour trouver, même parmi les chrétiens ou les soi-disant tels, quelqu'un qui pense que les anges n'existent que dans la poésie, pour la rime, et les diables dans les sermons, pour la frime.

Or, messieurs, c'est cette grande vérité de l'existence des esprits que je vais maintenant essayer de vous démontrer : non pas sans doute que cet auditoire vraiment chrétien ait besoin d'une pareille démonstration ; mais dans le dessein d'affermir encore la croyance de ceux d'entre vous qui peuvent ne point savoir assez combien elle est fondée en raison. Je ne parlerai pas en prédicateur, en théologien, mais en homme du monde qui, avec son simple bon sens, a réfléchi sur ces matières, et qui communique familièrement à la judicieuse appréciation de ses auditeurs le résultat de ses réflexions.

Avons-nous une âme ? Y a-t-il des anges ? Y a-t-il des démons ? Trois questions à traiter successivement devant vous, et dont je me préoccupais un beau jour que je roulais, oisif, en wagon de chemin de fer. Quand je dis que je m'en préoccupais, je savais parfaitement à quoi m'en tenir là-dessus : mais il fallait bien passer mon temps à quelque chose, et, comme le lièvre en son gîte,

Que faire en un wagon, *à moins que l'on ne songe?*

Je me mis donc à ruminer les questions susdites, me disant que la démonstration que je cherchais, sans en avoir besoin pour moi-même, servirait à d'autres peut-être, particulièrement à quelques-uns de nos chers confrères de Saint-François-Xavier, qui me prêtent toujours une oreille si bienveillante.

Et comme pour mon intelligence, aussi bien que pour ma bougie, j'emprunte volontiers de la lumière à mon prochain, avant de commencer à méditer, m'adressant à mes compagnons de voyage assis le plus près de moi, « Que pensez-vous de ces choses-là, monsieur l'abbé, » dis-je à mon

voisin de droite, jeune séminariste, qui roulait
entre ses doigts les grains de son chapelet?
Scandalisé sans doute d'une pareille question,
le trop timide lévite, au lieu de me répondre, ouvre de grands yeux, étouffe un
soupir qui voulait dire sans doute : « En
quelle compagnie suis-je, hélas ! » et continue
son chapelet, à l'intention peut-être de ma
conversion...

Sans insister davantage, je me retourne
alors vers mon voisin de gauche, commis-
voyageur du temps passé des diligences, qui
chantonnait entre ses dents un refrain jadis
en vogue de feu Béranger. Non moins scandalisé que le séminariste, mais en sens
contraire, celui-ci se met à rire à peu près
comme quand on se brûle, et, me lançant
un regard oblique, murmure avec dédain
quelques paroles peu distinctes, entre lesquelles mon oreille parvient à saisir le mot
de capucin. Capucin! c'est très-bien... je les
ai en grande estime et vénération les bons
pères capucins... mais enfin ce n'est pas

précisément des enfants de saint François qu'il s'agit pour le quart d'heure...

Rebuté, mais non découragé, j'interroge mon voisin d'en face, employé émérite des contributions indirectes, qui, grâce à notre tolérance, fumait sa pipe en wagon de seconde classe, absolument comme si le règlement prohibitoire cloué au-dessus de sa tête eût été rédigé en hébreu au lieu de l'être en français. Point de scandale, cette fois : le brave homme me regarde de l'air du monde le plus pacifique, et, entre deux bouffées de fumée, me lâche flegmatiquement ces laconiques syllabes : « Qu'importe? » A la bonne heure! voilà ce qui s'appelle une réponse. Malheureusement elle est peu, trop peu satisfaisante : car enfin, n'en déplaise à mon voisin fumeur, la question certainement a son importance.

Décidément je n'avais aucune lumière à attendre de mes voisins. Je pris le parti de m'en passer, et me repliant en mon for intérieur, je me tins à moi-même un très-long discours, dont je vous demande la permission de vous redire en ce moment une partie seulement. Car comme on ne peut pas traiter en une fois la question tout entière du monde invisible, aujourd'hui, si vous le voulez bien, nous ne nous occuperons que des âmes.

Il y a, dit-on, dans Noyon environ six mille âmes : d'où vient en notre bouche à tous cette singulière expression, six mille *âmes?* Ne serait-ce pas que le langage vulgaire rend ainsi témoignage de deux grandes vérités : l'une, que nous avons une âme ; l'autre, que l'âme est plus que le corps ; qu'elle est dans la dualité de la personne humaine, la partie principale donnant ici son nom à la personne tout entière. En effet, messieurs, cette manière de parler, généralement employée, exprime une idée universelle, et celle-ci nécessairement correspond à une réalité, attendu que nous ne saurions avoir l'idée d'une chose qui n'existerait pas, je dis l'idée d'un être simple, d'une *substance*, dans le sens philosophique du mot. L'homme peut bien former dans sa pensée des êtres imaginaires, sans réalité, un cheval ailé, par exemple : mais il le compose d'éléments existant chacun à part, qu'il ne fait qu'associer arbitrairement d'une façon étrangère à leurs convenances réelles. Imaginer une substance qui n'existerait point, cela, encore une fois, passe notre pouvoir, la création d'une idée nous étant tout aussi impossible que celle d'une chose. Donc, par cela même que nous avons, le langage en fait foi, l'idée de l'âme, l'âme existe, et l'âme absolument immatérielle : car, remarquez-le bien, le langage vulgaire sait encore distinguer parfaitement l'âme non-seulement du corps en général, mais même de cette maîtresse partie du corps, principale pièce du logement de notre locataire invisible ; et il ne fait pas la confusion de certains philosophes, qui, trompés par les apparences, croient que l'âme pense nécessairement par le cerveau, et nous disent : La tête et l'âme, c'est tout un. Demandez au plus ignorant des bûcherons que vous pourrez rencontrer en vous promenant sur la montagne Saint-Siméon [1] : « Dites-donc, mon brave homme, combien d'habitants, s'il vous plaît, dans cette ville au-dessous de nous? — Six mille âmes, monsieur. — Et combien de vaches dans la prairie là-bas? — Deux cents têtes de bétail, monsieur. » Ceci vous montre que le langage vulgaire en vaut bien un autre, et que ceux qui le parlent ne sont pas si bêtes que certains savants ont l'air de le croire.

A cette preuve si simple, et tout à la fois si concluante, que nous fournit le témoignage extérieur universel, vient se joindre celle qui se tire du témoignage intérieur que chaque âme se rend à elle-même. Nous avons tous le sentiment intime de notre personnalité, puisque nous disons à tout instant : C'est moi qui ai fait ceci; c'est à moi qu'appartient cela. Or ce *moi* dont nous avons conscience, ce moi dont nous parlons si souvent, plus souvent même qu'il ne faudrait, où le placerons-nous en nous? Sera-ce dans le corps pris en son entier, dans l'ensemble des parties du corps?

[1] Colline au pied de laquelle est situé Noyon.

Non assurément : car nous pouvons perdre une jambe ou un bras, et nous n'en garderons pas moins le sentiment du moi tout entier : Monsieur un tel que l'on vient, je suppose, d'amputer, est, quant au moi, tout aussi complet après l'amputation qu'auparavant; on continue de l'appeler Monsieur un tel, tout comme avant l'opération; et si la perte de son bras droit doit rendre à l'avenir moins lisible sa signature désormais tracée de la main gauche, cette signature n'en conservera pas moins toute sa valeur morale et légale, parce que le *moi* qui signe n'a, malgré la mutilation du corps, souffert aucune diminution, n'a rien perdu de ce qui le constitue essentiellement. Sera-ce dans telle ou telle partie du corps prise à part, dans le cerveau par exemple, sans lequel nous ne saurions vivre? Non encore, malgré les apparences favorables à l'affirmation. Car, en y réfléchissant, je conçois clairement mon *moi* comme tout à fait distinct de mon cerveau, bien que pour l'exercice actuel de mon activité spirituelle comme pour les fonctions de ma vie physique, j'aie absolument besoin de cet organe : et cela me permet de conclure que le *moi* n'est ni dans le corps en général, ni dans la tête en particulier, mais qu'il est dans l'âme, ou plutôt qu'il est l'âme elle-même, en tant qu'elle se connaît et se considère (A).

Appelant à l'appui de ma thèse une troisième preuve, je pourrais encore vous montrer l'âme dans l'étonnant phénomène du mouvement de notre corps, déterminé par notre simple vouloir. Prodigieux empire de l'esprit sur la matière! Je veux, et mon pied se porte en avant ; je veux, et mon bras se lève ou s'abaisse; et pour la production de ces divers mouvements, je fais agir, à mon commandement, des muscles dont je n'ai besoin de connaître ni le mode d'action ni même l'existence. Ne voyez-vous pas ici se manifester la présence de l'âme et sa souveraineté sur le corps, en cette mystérieuse union des deux substances dont se compose la personne humaine ?... Mais, messieurs, je ne vous ferai pas l'injure de vous démontrer plus longtemps que nous avons une âme. Ce que je viens de dire suffit, je pense, avec les développements que peuvent y ajouter vos propres réflexions. C'est assez d'avoir fait voir que la *raison* ne saurait *raisonnablement* refuser son acquiescement à cette grande vérité, avant même que l'enseignement de l'Eglise, l'enlevant à l'inconstante mobilité des opinions humaines, lui confère l'immuable autorité du dogme. J'insisterais volontiers sur l'immense valeur de ce témoignage de l'Eglise, prépondérant dans la question : mais j'ai promis de ne point être théologien ; et je tiendrai d'autant mieux ma promesse qu'il me serait bien difficile d'y manquer. D'ailleurs il n'entre pas seulement dans mon plan d'établir l'existence de l'âme : je veux encore m'entretenir avec vous des facultés ou attributs qui constituent sa nature.

Avec tous les philosophes chrétiens, dans l'extrême diversité des mille opérations de l'âme humaine, je distingue trois propriétés, trois facultés, trois manières d'être essentiellement inhérentes à sa nature : la *mémoire*,

l'*intelligence* ou *entendement* et la *volonté*.
Mémoire, entendement, volonté, c'est tout
l'homme, ou du moins tout l'esprit de l'homme,
tel que l'Ecriture le fait connaître et que les
saints pères l'ont décrit [1], tel qu'il se revèle
à lui-même au moyen de la réflexion. Par la
mémoire, il se souvient; par l'intelligence, il
conçoit, il juge, il raisonne; par la volonté,
il aime, il hait, il choisit; par l'exercice de
ces trois facultés associées, il se met en relations, de toutes manières, avec Dieu, avec le
monde extérieur, avec lui-même (B).

Que de merveilles, messieurs, dans ce
monde invisible de l'âme, dans la mystérieuse harmonie de ses facultés, dans l'infinie
variété de leurs opérations! Considérons
d'abord notre mémoire. Immense amas de
confuses réminiscenses entassées pêle-mêle,
ou riche trésor de souvenirs précis métho-

[1] Secundum interiorem hominem tria in mente meâ invenio,
per quæ Deum recolo, conspicio et concupisco. Sunt autem hæc
tria, memoria, intelligentia, voluntas sive amor; per memoriam
reminiscor, per intelligentiam intueor, per voluntatem amplector.
(s. BERNARDUS, *De Cognitione humanæ conditionis*, c. 1.)

diquement classés comme dans des casiers, tout s'y trouve : les choses et les personnes, les faits, les temps et les lieux, les nombres et les mots, tout s'y trouve, et même le souvenir du souvenir, le souvenir de l'oubli. Multiple en ses manifestations, c'est la mémoire complaisante, qui, sans attendre qu'on l'interroge, vient d'elle-même au-devant de nos désirs; la mémoire docile et fidèle, qui rend, au premier appel, le dépôt qu'elle a soigneusement gardé, la mémoire capricieuse, qui se cache, après s'être laissée entrevoir, ou voltige, pour ainsi dire, autour de notre volonté, toujours près d'être saisie, et toujours se dérobant; c'est la mémoire rebelle, qui refuse positivement de répondre; c'est la mémoire importune et vengeresse, qui jette sans cesse à la tête du criminel le cruel souvenir qu'il voudrait anéantir en son âme. Essayez d'expliquer cet inexplicable jeu de votre mémoire, et dites si l'homme n'est pas véritablement à lui-même, comme parle Pascal, le plus prodigieux objet de la nature (C).

Et l'intelligence, si vaste en ses conceptions, si subtile en sa pénétration, si puissante en ses calculs, autre merveille, autre mystère. Elle monte au plus haut des cieux, elle descend au plus profond des abîmes. Depuis l'infinité des attributs du Créateur jusqu'à la presque nullité de la particule atomique perdue au sein de la création, rien ne lui échappe. Elle analyse, elle recompose, elle calcule les rapports; sous les accidents elle saisit la substance; dans la pluralité elle découvre l'unité. Sur toutes choses elle a des questions; à toutes les questions elle a des réponses. Les abstractions mathématiques les plus élevées et les distinctions morales les plus délicates, les réalités naturelles et les idéalités de l'art, les spéculations théoriques et les applications pratiques, tout est de son domaine, tout peut entrer en sa capacité, tout sert d'aliment à son activité.

La volonté enfin, cette volonté libre qui fait surtout l'excellence de la nature humaine, en constituant sa moralité; qui se fait à elle-même son bonheur ou son malheur; cette volonté que sollicitent en sens contraire tant d'attraits différents, mais que nulle puissance au monde ne saurait contraindre, elle se précipite, elle s'arrête, elle est comme suspendue, elle revient, elle tourne sur elle-même, inépuisable objet d'étude et de méditation pour le philosophe.

Messieurs, une chose qui nous frappe tout d'abord, lorsque nous considérons les facultés de l'âme, c'est l'inégalité de puissance de ces facultés chez les divers individus. Pour ne pas trop embrasser et par conséquent mal étreindre, laissons de côté, si vous le voulez, le moral proprement dit de l'homme, ces inégalités si grandes résultant du plus ou moins de force, de droiture et de fixité dans la volonté, et limitons notre examen aux facultés purement intellectuelles. Sans dire hyperboliquement avec Lafontaine que Descartes tenait le milieu entre l'homme et l'ange comme tel autre de nos semblables le tient entre l'huître et l'homme, nous ne saurions nier l'inégalité, la grande et très-grande inégalité d'intelligence entre les hommes, vérité d'expérience en tous temps et en tous lieux. La cause première en est la volonté de Dieu; la cause seconde immédiate, c'est la différence de capacité et d'activité.

Prenez garde ici, messieurs : quand je dis que le plus ou moins d'intelligence résulte d'abord du plus ou moins de capacité, je n'emprisonne point ma pensée dans un cercle vicieux de mots synonymes : je prends le mot *capacité* dans son sens étymologique : *propriété de contenir.* C'est, dans le langage usuel, quelque chose de très-remarquable que cette locution, avoir de la capacité; c'est une expression philosophiquement très vraie; vraie non-seulement des personnes privilégiées à qui on l'applique d'ordinaire par une sorte de figure, mais vraie de chacun de nous. Oui, nous sommes tous, sans exception, des capacités, mais entendons-nous bien, des capacités à la façon des vases dont nous nous servons pour les différents usages de la vie; lesquels inégaux de matière, de forme et de grandeur, ne peuvent pas tous recevoir les mêmes substances, ni en même quantité. Tout vase, par sa matière, n'est pas propre à recevoir toute liqueur; et de celle qu'on peut y mettre sa grandeur n'admet qu'une mesure déterminée : ainsi les âmes humaines sont des vases susceptibles de contenir chacune telle ou telle mesure de telle ou telle vérité : et dans cette différence de capacité je trouve une première cause d'inégalité intellectuelle.

Nous ne sommes point seulement des capacités, nous sommes encore des activités. Nous ne nous contentons pas de recevoir la vérité : nous agissons sur elle avec plus ou moins d'énergie, comme la terre de nos champs agit, par sa vertu propre, sur la semence qu'on lui confie; et de cette union de l'activité intellectuelle avec la capacité résulte, comme d'une sorte de mariage, l'accroissement plus ou moins grand de la connaissance. C'est donc par la différence d'activité que j'explique en second lieu les inégalités intellectuelles.

A ces deux causes d'inégalité, qui sont en nous, une troisième s'ajoute, qui est en dehors de nous, l'éducation. Le feu est dans la pierre : mais pour que l'étincelle jaillisse, il faut au caillou le choc de l'acier : sinon elle restera à tout jamais latente. Ainsi en est-il de l'éducation par rapport à l'intelligence. La puissance intellectuelle est en chacun de nous, avec plus ou moins de capacité, plus ou moins d'activité : mais si l'éducation ne vient pas remplir cette capacité, mettre en mouvement cette activité, l'intelligence, demeurant vide et inerte, est dans l'homme comme si elle n'y était pas, ou du moins reste bien au-dessous de ce qu'elle pourrait être. C'est une clef longtemps inemployée, que la rouille finit par rendre inutile à la main qui voudrait s'en servir. Viennent au contraire à se rencontrer pour l'esprit ces trois conditions, de capacité, d'activité et de culture, vous en verrez sortir des résultats merveilleux, la puissance, par exemple, de l'esprit d'un Bossuet ou d'un saint Augustin, clef intellectuelle ouvrant sans difficulté, et comme en se jouant, toutes les portes de la science (D).

La mesure de l'intelligence et celle de l'éducation, ce sont, messieurs, des dons de Dieu ; et l'inégalité de leur répartition ne nous dispense point du devoir de la reconnaissance : car le Créateur ne devait absolument rien à notre néant. Quel que soit donc notre lot, rendons grâces à la Providence ; et que les privilégiés ne méprisent point les moins bien partagés, puisque, tous tant que nous sommes, nous n'avons rien que nous n'ayons reçu [1]. Non, point de mépris tombant de haut en bas comme une pierre qui, renvoyée d'en bas par la haine et l'envie, reviendrait peut-être frapper au front l'orgueilleux : mais plutôt que la charité condescendante nivelle, s'il se peut, les différences. Vases d'inégale grandeur, inégalement remplis, versons fraternellement de l'un dans l'autre le trop plein de notre intelligence ; nous souvenant que,

[1] Quid autem habes quod non accepisti ? (PAUL. I. *ad Cor.* IV, 7.)

comme toute autre opulence, notre richesse intellectuelle n'est pas de nous, mais de Dieu, qu'elle n'est pas pour nous seulement, mais pour la société tout entière, à qui nous en devons compte.

Pour être moins incomplet sur les facultés de l'âme, il semble que j'aurais dû dire aussi quelque chose de la sensibilité : mais comme le système philosophique auquel je me rallie, excluant la sensibilité de la grande trinité de nos facultés supérieures, ne la met qu'au premier rang des facultés inférieures; comme il existe même une opinion, paradoxale il est vrai, celle des *vitalistes*, qui fait du principe sensible, dont le système nerveux est l'appareil, une sorte de puissance intermédiaire entre l'esprit et le corps, distincte de l'un comme de l'autre[1], et que je ne crois point à propos de prendre ici parti dans cette question (E), je passerai sous silence la sensibilité; et sans m'appesantir davantage sur

---

[1] Voir Joseph de Maistre, *Eclaircissement sur les sacrifices*, chapitre premier.

la nature des facultés de l'âme, j'arrive, par
le développement naturel de mon sujet, à
considérer les conditions dans lesquelles
s'exercent actuellement ces facultés.

Messieurs, répétons-le une fois de plus,
nous sommes à la fois âme et corps; et l'âme,
qui est esprit, doit commander au corps,
qui est matière. Pourquoi? Parce que, à considérer les choses dans leur principe, la matière
qui reçoit tout de l'esprit, la forme, le mouvement, l'organisation, l'être même (car elle
n'existe que par l'esprit), la matière, dis-je, est
essentiellement dépendante de l'esprit, lequel
au contraire subsiste en Dieu par lui-même et
indépendamment de la matière. Et quand,
par la volonté souveraine de l'esprit créateur,
l'esprit créé se trouve, comme dans la nature
humaine, associé à la matière, cette matière
avec tous les organes dont l'ensemble constitue
le corps, n'est rien autre chose qu'un instrument
à l'usage de l'âme, qui le met en jeu et s'en
sert pour entrer en relations avec le monde
extérieur. En effet, comprenons-le bien, ce

n'est pas l'œil qui voit, l'oreille qui entend, la main qui touche, la bouche qui parle : c'est l'âme qui voit par l'œil, qui entend par l'oreille, qui touche par la main, qui, par la bouche, se produit elle-même au dehors sous le nom de verbe ou parole.

A l'âme donc appartient légitimement la primauté. Et cependant lorsque nous examinons attentivement ce qui se passe en nous-mêmes, nous ne tardons point à remarquer que la loi de cette subordination est trop souvent violée : nous voyons en nous l'esprit indignement asservi par la matière, l'intelligence honteusement maîtrisée par les organes faits pour la servir. Il y a là en fait une immense perturbation. Comment l'expliquer ? C'est en vain que les philosophes ont voulu en donner une explication purement rationnelle : la barque fragile de leur raison est venue toujours échouer contre l'écueil de ce redoutable problème. L'Eglise seule, formulant en termes précis l'universelle mais plus ou moins vague tradition des peuples, l'Eglise a donné le mot de l'énigme : *déchéance!* et ce mot a fait ici la lumière. Résultat désastreux du grand crime qui a souillé notre origine, et dont nous ne nous arrêtons point à donner les preuves historiques, la déchéance est partout en nous. Elle est dans notre corps, soumis à d'humiliantes nécessités, passible, infirme et mortel; elle est dans notre intelligence, si lente à se dégager des liens de l'ignorance, si prompte à s'égarer aux routes de l'erreur; elle est dans notre volonté, si faible, si inconstante, si souvent en désaccord avec elle-même; elle se prouve par l'aspiration de notre cœur vers l'infini, en même temps que par ce sentiment intérieur qui proteste en nous contre la souffrance, la mort et la corruption, contre toutes les misères de notre condition actuelle. Roi détrôné, nous enveloppant encore, avec je ne sais quelle fière confusion, en la pourpre de notre manteau déchiré, nos allures laissent assez voir la noblesse de notre origine, et la voix

du poëte a pu s'écrier, sans forcer l'hyper-
bole :

> Borné dans sa nature, infini dans ses vœux,
> L'homme est un dieu tombé qui se souvient des cieux [1].

Comme je le disais, messieurs, la raison,
réduite à ses seules forces, ne pouvait que
soupçonner cette grande vérité de la déchéance,
bien que, dans les contrariétés de notre nature, elle en constatât parfaitement les tristes
conséquences. A la lueur vacillante de la tradition historique, le *divin* Platon, l'illustre
Cicéron l'avaient entrevue [2] : à l'Eglise seule,
interprète des antiques écritures, organe de la
tradition universelle, il appartenait de dire à
l'homme la vérité tout entière sur sa chute
originelle, et les nouvelles conditions d'exis-

---

[1] LAMARTINE, 2e Méditation, *l'Homme.*

[2] « La nature et les facultés de l'homme ont été changées et
corrompus dans son chef, dès sa naissance. » (PLATON, *Timée.*)

« Ex quibus humanæ vitæ erroribus et ærumnis fit, ut interdum
veteres illi sive vates, sive in sacris initiisque divinæ mentis inter-
pretes, qui nos, *ob aliqua scelera suscepta in vitâ superiore,*
pœnarum luendarum causâ natos esse dixerunt, aliquid vidisse
videantur..... » (CICÉRON, *Hortensius, sive De philosophiâ
fragmenta.*)

tence que cette catastrophe a faites à l'humanité.

Laissant de côté tous les autres faits d'observation psycologique qui viennent à l'appui du témoignage de l'Eglise, je me contenterai d'en faire ressortir un seul, la contrariété qui se trouve dans notre propre volonté, en d'autres termes, le phénomène des deux volontés en l'homme. Est-il au monde un fait plus singulier, plus étrange, plus inexplicable *à priori?* Je suis un puisque je suis moi, et cependant tout à la fois je veux et ne veux point la même chose; je trouve en moi comme deux voix discordantes qui se répondent l'une à l'autre, deux forces morales agissant en sens contraire : et, circonstance bien remarquable, la lutte est inégale : l'une des deux volontés, la mauvaise, a évidemment l'ascendant : l'autre, sans un secours divin, est presque toujours vaincue.

« Video meliora proboque, deteriora sequor [1] : »

« Je vois le bien, je l'approuve et je fais le mal, » a dit le poëte païen sans y rien com-

[1] OVIDE, *Metam.* L. 8.

prendre en son étonnement. « Malheureux homme que je suis, je ne fais pas le bien que je veux, et je fais le mal que je ne veux pas, [1] » a dit l'écrivain sacré, plongeant son regard d'aigle dans les sombres profondeurs de ce mystère. Messieurs, encore une fois, c'est dans l'incontestable fait de notre originelle déchéance que se trouve, sinon l'explication, du moins la raison de cet incompréhensible phénomène. Déchéance! dit à travers les siècles la tradition du genre humain; déchéance! dit l'Eglise infaillible, par la grande voix de ses conciles; déchéance! dit l'observation philosophique exacte et impartiale : et contre ce triple témoignage, que peut la misérable négation d'un rationalisme orgueilleux, qui ne veut pas voir, afin de ne pas croire?

Le conflit des deux volontés, c'est, disonsnous, dans la sphère de notre activité intérieure, un fait tous les jours observable. Mais

---

[1] Non enim quod volo bonum, hoc facio : sed quod nolo malum, hoc ago. (PAUL. *ad Rom.* VII, 19.)

comme chacun ne sait point suffisamment observer, et surtout s'observer, permettez qu'une petite histoire vienne vous montrer en jeu cette dualité, de la façon la plus saisissante.

Gauderlin était charpentier de son état, et du meilleur bois dont on puisse faire un charpentier. Ardent à la besogne, il maniait la bisaiguë mieux que personne au monde, et il avait, comme on dit, le compas dans l'œil. C'était de plus un bon enfant, le cœur sur la main, incapable de refuser jamais du feu ou même du tabac à la pipe d'un camarade ; c'était encore un excellent père de famille et le modèle des maris ; c'était enfin un honnête homme, remplissant en conscience sa journée d'ouvrier, et, malgré sa pauvreté, payant exactement ses dettes ; un chrétien véritable, qui chômait scrupuleusement le dimanche, et ne jurait jamais, au grand jamais. C'était donc un homme parfait, m'allez-vous dire ? Non, messieurs, non, car malheureusement notre pauvre nature humaine a toujours son côté faible. Gauderlin méritait bien des éloges : mais

> Pour la bouteille, hélas! un peu trop de faiblesse
> De ses vertus en lui ravalait la noblesse [1].

Il faut vous dire que, dans ce temps-là, on vendait en certain cabaret de la localité, sous l'enseigne du *Veau qui tette*, un petit vin blanc clairet, doux au palais, dans le commencement, comme du lait nouveau-trait, mais traître en diable sur la fin ; avec cela de particulier qu'on l'aimait d'autant mieux, le scélérat, qu'il vous avait trahi plus souvent. Ce petit coquin de vin blanc avait donné plus d'un croc en jambe à notre charpentier, qui, malgré cela, ne lui en gardait pas rancune, au contraire : presque tous les soirs, après sa journée finie, Gauderlin allait faire une station au cabaret du *Veau qui tette*, où, comme il payait toujours rubis sur l'ongle, il jouissait d'une très-grande considération, à tel point qu'on ne l'y appelait pas autrement que

[1] Vers de Boileau, Sat. X, légèrement modifiés par *appropriation*.

Monsieur Gauderlin. Sa conscience cependant lui faisait des reproches, surtout lorsque, à sa rentrée tardive au logis, il entendait Madeleine, sa bonne ménagère qu'il aimait tant, lui dire doucement, avec des larmes dans la voix : « Pierre, il est bien tard!... » Il aurait voulu, pour beaucoup, se débarrasser de ce qu'il appelait lui-même sa mauvaise habitude. Mais l'attrait du petit vin blanc était plus fort que toutes ses résolutions; et par la raison sans doute que tout chemin conduit à Rome, de quelque côté que Gauderlin allât flâner à la chûte du jour, soit qu'il prît sur la droite, soit qu'il prît sur la gauche, il finissait toujours par se retrouver à la porte de l'auberge du *Veau qui tette*; et une fois à la porte, comme de juste, il n'y avait pas moyen de ne pas entrer. Pour le bien, il aurait fallu désorienter notre homme, en décrochant l'enseigne du cabaret, sa véritable étoile polaire : mais cela n'eût point fait l'affaire du débitant, lequel comptait tellement sur le tribut à lui payé par son trop fidèle habitué, que, lorsqu'il achetait de la marchandise à crédit, il donnait hypothèque à ses créanciers sur le produit de la consommation future de ce pauvre Gauderlin, devenu ainsi pour le *Veau qui tette* sa véritable vache à lait.

Notre homme pourtant, je l'ai dit, n'était pas sans lutter contre son funeste penchant; et souvent même il luttait avec une énergie qui devait lui mériter enfin le succès. Donc un beau jour que la force de l'habitude l'entraînait encore du même côté, il se raisonna en chemin tant et si bien, que, dans le conflit des deux volontés, la bonne, avec la grâce de Dieu, se trouva décidément la plus forte. Prenant, comme on dit, son courage à deux mains, il passa rapidement devant le cabaret, sans hésiter, sans regarder l'enseigne, sans même répondre aux politesses du débitant, qui, du pas de la porte, lui ôtait respectueusement sa casquette de loutre. Oui, messieurs, il passa outre, héroïquement ! Et quand il eut tourné le coin de la rue, « Bravo Gauderlin ! se dit-il à lui-même dans le sentiment de sa victoire, tu as du caractère! tu es un homme! Eh bien, je suis content de toi, comme disait à ses troupiers le petit Caporal, et pour te récompenser, je te paie une bouteille de vin rouge à l'auberge du *Grand-Goulot!!...* » Messieurs, rassurez-vous, cette bouteille-ci c'était pour la volonté mauvaise, en sa défaite, une simple fiche de consolation, un dernier et impuissant effort de réaction; la bonne volonté avait frappé le grand coup, Gauderlin était enfin désensorcelé; et ce jour, tristement mémorable dans les annales du *Veau qui tette*, enlevait irrévocablement à cet honorable établissement la meilleure de ses pratiques passées, présentes et futures!...

Messieurs, après avoir parlé de l'existence de l'âme et de ses facultés, il ne m'est pas permis de finir sans dire au moins quelques mots de sa future destinée. Notre âme est immortelle, vous le savez : non-seulement elle doit survivre au corps qu'elle anime actuellement, mais encore elle ne doit jamais cesser d'être. La vraie philosophie et la religion, en parfait accord sur ce point, ne nous permettent pas d'en douter. La première constate que l'âme, substance simple, par là-même qu'elle est spirituelle, ne renferme en elle-même aucune cause de destruction; la seconde nous affirme, au nom de Dieu, de la part de Dieu, que la volonté souveraine qui l'a créée, jamais ne l'anéantira (F). La vraie philosophie, comme la vraie religion, promet à nos bonnes œuvres d'éternelles récompenses, menace de châtiments sans fin nos œuvres mauvaises; et la religion, allant plus loin encore, nous révèle qu'à la fin des temps, sur le seuil de l'éternité, âmes et corps doivent se retrouver, se reconnaître et se réunir, pour leur nouvelle et désormais immuable existence.

Mais que faut-il faire pour accomplir heureusement notre destinée? Une chose fort simple : des deux volontés dont nous venons de parler, faire, dans tout le cours de la vie, prédominer la bonne sur la mauvaise; dire

toujours à cette dernière : « Tais-toi ! va-t-en !
laisse - moi tranquille ! » Chose très-simple,
dis-je, en théorie ; chose très-complexe et
très-difficile en pratique, si difficile même,
que nous n'en viendrons jamais à bout, sans
l'emploi des moyens que l'Eglise met à notre
disposition. Usons donc de ces moyens qui
nous faciliteront merveilleusement notre tâche,
en étouffant ce vieux levain de corruption qui
fermente au fond de notre nature tombée.
Sans cesse entraînés par le mal, réagissons
sans cesse contre le mal : c'est dans cette réaction qu'est le principe de tous les progrès, la
condition de tout notre bonheur, pour le temps
comme pour l'éternité...

DEUXIÈME DISCOURS

DEUXIÈME DISCOURS

LES ANGES.

MESSIEURS,

Qu'il y ait des anges, c'est-à-dire de purs esprits, des intelligences complètement dégagées de la matière, dont la vie n'est point, comme pour nous, connaître, vouloir et sentir, mais est tout entière dans la connaissance et dans la volonté : c'est la croyance positive, obligatoire des chrétiens. C'est aussi, plus ou moins pure ou faussée par l'alliage de l'erreur, celle des hommes de tous les temps et de tous les pays, professant une religion quelconque. Hors du christianisme, comme dans le christianisme, les plus grands génies, les Platon et les Bossuet, aussi bien que les plus humbles intelligences, ont donné à cette vérité leur plein acquiescement. C'est, on peut le dire, la foi traditionnelle du genre humain, contre laquelle ne saurait prévaloir l'exceptionnelle négation de quelques opposants, égarés dans les vaines conceptions de leur sens particulier.

Cependant, il faut le reconnaître, cette vérité si bien assise, si universellement reçue, elle est, de nos jours, comme toutes les vérités de l'ordre surnaturel ou même simplement moral, elle est plus ou moins obscurcie dans les intelligences. L'empire encore exercé sur un grand nombre d'esprits arriérés, par les doctrines sensualistes et matérialistes en honneur au siècle dernier, et qui, malgré l'heureuse réaction s'opérant depuis assez longtemps dejà dans l'élite des hommes qui pensent, sont loin d'avoir perdu toute leur influence; le *posi-*

tivisme des idées, résultant de la prépon-
dérance usurpée en notre siècle par les
intérêts de l'ordre matériel : telles sont les
raisons par lesquelles s'explique, sur ce point
comme sur beaucoup d'autres, l'affaiblisse-
ment de la croyance; et voilà pourquoi
parler sérieusement des anges ailleurs qu'à
l'église, est une sorte de singularité qui
provoque le sourire malin, et aux yeux de
beaucoup de gens, assez pauvres de génie
le plus souvent, et pas toujours bien riches
de science, expose à passer pour un petit
esprit l'homme en communauté de croyance,
à cet égard, avec les Platon, les Cicéron, les
Augustin, les Bossuet, les Leibnitz, les Newton, les Pascal et les De Maistre.

Mais en laissant de côté, pour un instant,
les témoignages à l'appui, considérée en elle-
même, qu'a-t-elle donc de si difficile à admettre, cette vérité? De purs esprits! se récrie-
t-on, c'est impossible : vivre et n'avoir point
de corps, être seulement par la pensée, par
le vouloir, cela ne se conçoit pas, dira quelque

contradicteur, sans s'apercevoir que l'objection porterait en même temps contre l'existence de Dieu, qu'il fait profession de croire, je suppose. Pardon, répondrai-je, cela se conçoit très-bien, beaucoup mieux même que l'esprit uni à la matière; comme il l'est, par le fait, dans notre nature; beaucoup mieux surtout que la matière pensante et voulante, issue du cerveau malade de certains philosophes enrhumés. L'objection est ici tout entière dans une équivoque, une confusion de mots. Autre chose est de concevoir un objet, autre chose de se le figurer. Or l'ange, le pur esprit, se conçoit parfaitement : mais, en tant que pur esprit, on ne saurait se le figurer; ce n'est point à l'entendement, c'est à l'imagination qu'il se refuse; c'est l'imagination qui ne peut le saisir, qu'autant qu'elle lui prête ce corps qu'elle donne à tout ce qui est abstrait, chose nécessaire dans les conditions présentes de notre existence, où nous ne sommes fortement affectés que par le sensible, à cause de la prédominance déréglée de nos sens. Mais, encore une fois, je n'ai pas plus de peine à concevoir dans mon entendement un ange, un pur esprit, que je n'en ai à concevoir mon *moi*, indépendamment de tous les organes qui constituent le corps auquel il est uni. La vérité peut donc ici déconcerter l'imagination, mais elle ne choque aucunement la raison.

Que dis-je, messieurs? Loin de choquer la raison, cette vérité la satisfait pleinement au contraire, en l'élevant à une grande et belle considération d'ensemble sur les êtres de la création. Pour qui réfléchit en effet, l'harmonie de l'univers appelle d'elle-même l'existence des anges. Dans la création visible, nous l'avons dit ailleurs, tous les êtres de la nature forment, comme autant d'anneaux, une immense chaîne [1], se déroulant au-dessous de

[1] Rejetée par plusieurs philosophes ou savants, la chaîne des êtres, ou doctrine de l'ordre ascendant des créatures, a pour elle les autorités les plus imposantes. C'est, en quelque sorte, la base de la philosophie de Leibnitz, et dans l'histoire naturelle spécialement, sans parler des grands naturalistes antérieurs qui l'ont soutenue, l'illustre zoologue de Blainville a, de nos jours, démontré de la manière la plus complète, la *série animale*.

l'homme en ce monde inférieur, dont son organisme est, en quelque sorte, le résumé. De nous au minéral, à travers la double série des animaux et des végétaux, quelle incommensurable distance, et quel nombre infini de degrés intermédiaires ! Eh bien, au-dessus de l'homme, l'harmonieux équilibre du monde ne demande-t-il point, anàlogiquement, une succession d'êtres supérieurs, comblant, autant qu'il est possible, entre Dieu et l'homme, le vide infiniment plus grand qu'entre l'homme et le minéral, un monde des esprits relié au monde des corps par le nœud si mystérieux de notre double nature spirituelle et matérielle ? A ce point de vue, messieurs, non-seulement je conçois les anges dans la création, mais je ne conçois pas la création sans les anges.

Revenons à l'histoire. Elle nous montre ici d'accord la raison des grands hommes et la raison populaire : car c'est un des caractères propres à la vérité, que, faite pour tout le monde, elle appelle tout le monde à témoigner en sa faveur d'une manière ou d'une autre. Depuis les *daimones* ou génies du prince de la philosophie grecque jusqu'aux *manitous* des sauvages, en traversant la mythologie vulgaire de Rome et d'Athènes, partout et toujours nous retrouvons la notion plus ou moins pure ou altérée de la nature angélique. Qu'est-ce donc, je vous prie, dans la poétique confusion des récits mythologiques, qu'est-ce donc que toutes ces divinités de haut ou de bas étage, hiérarchisées entre elles de mille manières, et subordonnées toutes ensemble au grand Jupiter, père des hommes et des dieux, comme dit Homère si souvent, πάτερ ἀνδρῶντε θεῶντε? Mais la mythologie, direz-vous, c'est l'erreur, c'est la *fable*. D'accord, vous répondrai-je : mais qu'est-ce que la fable, sinon la contrefaçon de la vérité? Et l'erreur ne suppose-t-elle pas, ne prouve-t-elle pas la vérité, dont elle n'est qu'une altération, de la même manière que la fausse monnaie atteste l'existence de la monnaie de bon aloi, selon l'exacte et ingénieuse comparaison d'un

illustre auteur? L'erreur souvent vole le pas-
seport de la vérité, et fait ainsi facilement son
chemin dans le monde : mais la vérité ne cesse
de réclamer, et lorsque vient l'heure du jugement, toute la question à décider n'est au
fond qu'une question de priorité de possession.

C'est, s'il m'est permis de le dire en passant, c'est ce que n'ont point compris les
philosophes ennemis du christianisme, au
siècle dernier. Ils avaient recherché avec une
ardeur amoureuse, enrègistré avec un soin
minutieux toutes les ressemblances entre là
doctrine chrétienne et les diverses mytho-
logies des peuples anciens ou modernes, pour
en conclure que le christianisme n'était qu'une
des mille formes de la superstition populaire
universelle; et du haut de cette montagne de
prétendues objections, ils triomphaient !.....
Mais lorsque, au flambeau d'une critique historique irréfragable, secondée par des décou-
vertes inattendues, les apologistes ont eu démontré que, loin d'être issue de la superstition mythologique, la vérité chrétienne, vieille

comme le monde, était, par ses origines,
bien antérieure à cette superstition; que le
paganisme, en la multiplicité de ses fables,
n'était rien autre chose au fond que la vérité
primitive altérée dans son développement à
travers les siècles, un détournement partiel et
subreptice des eaux du grand fleuve de la tradition religieuse coulant, en leur pureté native, dans le lit juif et chrétien, alors toutes
les objections des savants incrédules se sont
retournées contre eux, tous les traits qu'ils
avaient lancés contre le ciel sont retombés
sur leur tête; et battue complètement sur le
terrain de la critique historique, en même
temps qu'elle l'était, d'un autre côté, sur celui
des sciences naturelles, l'opposition antichré-
tienne, répudiant à la fin, en désespoir de
cause, cette science *positive*, qu'elle avait
tant et si longtemps exaltée contre la religion, s'est vue forcée de chercher un dernier
refuge dans les impossibilités du matéria-
lisme, ou de s'envelopper, pour voiler sa
honte, dans les nuageuses chimères du pan-

théisme, au sein desquelles s'agite encore aujourd'hui son impuissance.

La mythologie, cette fausse théologie poétique et populaire, qui avait tout divinisé dans le monde, les forces de la nature aussi bien que les passions de l'homme, et fait de l'univers entier comme un temple d'idoles, la mythologie méconnaissait la vraie nature des êtres et leurs véritables relations, en communiquant, d'une part, à la créature les incommunicables attributs du Créateur, et prêtant, d'autre part, à la Divinité les défaillances de notre nature tombée. Mais tout en elle cependant n'était point erreur et mensonge. Dans la hideuse surexcitation de la passion mauvaise, comme dans l'héroïque exaltation du sentiment vertueux, elle avait senti je ne sais quelle frémissante inspiration d'un autre monde; elle l'avait nommée, cette inspiration, Vénus ou Minerve, et peut-être ne se trompait-elle que de nom. Sous le phénomène naturel visible, elle avait soupçonné je ne sais quelle activité surnaturelle et invisible : elle disait de l'air, c'est Jupiter [1], et du feu, c'est Vulcain, fils de Jupiter ; et peut-être, n'était-ce encore ici qu'une erreur d'appellation. En un mot, et pour parler clairement, la mythologie rendait, à sa manière, témoignage à la réalité des puissances spirituelles bonnes ou mauvaises, anges ou démons, à leur influence sur notre vie morale, à leur action dans le monde matériel ; et, malgré toutes ses erreurs, la *fable*, en ce sens, n'était ni plus ni moins que la vérité.

A chaque siècle ses préjugés. Hommes du dix-neuvième, qu'avons-nous fait, nous autres, sous prétexte de progrès ? Au rebours de l'antiquité mythologique, et tombant dans l'excès contraire, dont l'esprit chrétien aurait dû nous garantir, nous avons déclaré la guerre au surnaturel, sans trop savoir au juste à quoi nous nous attaquions ; car combien de personnes n'en ont que l'idée la plus imparfaite, pour ne pas dire la notion la plus

[1] On se rappelle les locutions latines : *Sub jove*, *sub dio*, en plein air.

6

fausse! combien, s'imaginant que le naturel
et le surnaturel s'excluent mutuellement, ne
se doutent point que, bien loin qu'il en soit
ainsi, un lien d'étroite dépendance unit le naturel au surnaturel, dont il reçoit et son existence et le complément de son existence (G)!
Mais, dans notre aveugle *naturalisme*, nous
avons chassé du monde les anges, ces esprits
administrateurs [1], ne voulant plus admettre
en l'univers d'autres causes immatérielles que
la cause première, dont notre raison ne pouvait absolument se passer. Et cependant,
messieurs, entre la cause première et la cause
seconde immédiate, dans la série des agents
intermédiaires, sommes-nous sûrs, dites-moi,
sommes-nous bien sûrs que plus d'un ne soit
pas *vivant?* nous disons, par exemple, que
les astres s'attirent *en raison directe de leurs
masses, et en raison inverse du carré de
leurs distances;* et en formulant la sublime
vérité de cette belle loi, nous prétendons

---

[1] Nonne omnes sunt administratorii spiritus...? (PAUL. *ad
Hebræos*, 1, 14.)

bien que la matière agit à distance sur la matière, c'est une idée reçue; et dans ce siècle, pour qui le principe de l'idée reçue, comme du fait accompli, semble avoir remplacé tous les principes, cela nous suffit à nous. Mais cela ne suffisait point à l'inventeur lui-même de l'attraction, ou plutôt de la gravitation universelle, à l'illustre auteur du système du monde. Newton ne croyait pas à cette puissance de la matière, il la niait formellement, il écrivait en toutes lettres à son ami Bentley : « On ne peut comprendre que la matière brute et inanimée puisse, sans la médiation de quelque autre chose qui n'est pas matière, agir sur une autre matière et l'affecter sans un mutuel contact.... Admettre que la gravitation soit innée, inhérente et essentielle à la matière, de sorte qu'un corps puisse agir sur un autre corps à travers le vide et la distance qui les sépare, sans le concours d'un agent par qui l'action et la force soient transmises de l'un à l'autre, est à mes yeux *la plus grande absurdité qu'on puisse concevoir*, et aucun homme, je pense, ne peut y tomber, pour peu qu'il soit capable de raisonnement en matière philosophique. » Qu'est-ce donc que l'agent immatériel indiqué ici du doigt par Newton? serait-il bien difficile de lui donner son véritable nom?

C'en est assez, je pense, pour établir que l'existence des anges, si elle ne peut rigoureusement se démontrer par la raison seule [1], n'a rien du moins que de rationnel, quoi qu'en puisse dire ce naturalisme en vogue aujourd'hui, qui expulse du monde visible les esprits invisibles que la révélation met partout en cet univers.

Oui, l'existence des anges et leur intervention dans les choses d'ici-bas figurent au premier rang des vérités révélées. Ouvrez le livre des saintes écritures, et de la première page à la dernière, de la Genèse à l'Apocalypse, vous les y trouverez, parlant et agissant, ces esprits de feu, rapides et dévorants

[1] Voir Bergier, *Dictionnaire de théologie*, article *Ange*.

comme la foudre[1]; ces fils du Très-Haut qui applaudirent à la grande œuvre des six jours[2], alors que Dieu posait les fondements de la terre[3] et enfermait la mer dans ses limites[4]; ces messagers de la bonne nouvelle[5], qui, sur le berceau de l'Homme-Dieu, entonnèrent le sublime cantique après eux continué jusqu'à nous de génération en génération; ces hérauts de la résurrection future, dont la trompette retentissante doit un jour, vous le savez, éveiller au fond des tombeaux l'humanité dormant son sommeil séculaire : *Tuba mirum spargens sonum!...*[6] Messagers de Dieu pour les grandes affaires de l'humanité tout entière, l'Écriture nous les montre encore intervenant de mille manières dans les des-

[1] Qui facis angelos tuos, spiritus; et ministros tuos, ignem urentem. (PS. CIII, 4.)

[2] Cum me laudarent simul astra matutina, et jubilarent omnes filii Dei. (JOB, XXXVIII, 7.)

[3] Ubi eras quando ponebam fundamenta terræ? (JOB, XXXVIII, 4.)

[4] Quis conclusit ostiis mare...? (JOB, XXXVIII, 8.)

[5] Ecce enim evangelizo vobis gaudium magnum. (LUC. II, 10.)

[6] Prose de la Messe des morts.

tinées particulières des enfants d'Adam. Anges de paix ou de colère, de terreur ou de consolation, ils conversaient familièrement avec Abraham sous l'arbre de la vallée de Mambré, rappelaient à l'espérance le cœur désolé d'Agar dans le désert de Bersabée, arrachaient Loth au feu vengeur que le courroux du Ciel allait, à leur signal, faire tomber sur une ville infâme. Tout cela, ce n'est point de la fantaisie poétique, ce n'est point de la mythologie : c'est la réalité historique la plus positive, écrite en caractères impérissables aux pages de ce *livre* par excellence, dont la divine vérité, inexpugnable à tous les assauts d'une science ennemie, resplendit aujourd'hui de l'éclat d'un triomphe d'autant plus glorieux qu'il a été plus vivement et plus longtemps disputé.

Mais si telle était aux temps bibliques, nous n'en pouvons douter, l'intervention des anges dans les affaires de ce monde, croirons-nous qu'ils aient maintenant cessé d'y prendre part? ne sont-ils pas toujours les envoyés incessamment actifs d'une Providence qui jamais ne s'endort? leur action au milieu de nous, pour être aujourd'hui plus cachée, en est-elle moins réelle, moins efficace? Ah ! si tout à coup venait à tomber le voile épais qui dérobe à nos regards obtus le monde invisible, quel ne serait point notre étonnement, en reconnaissant que ce qui est le plus réel, ce n'est pas ce qui se voit, ce qui s'entend, ce qui se touche ! Lorsque multipliant les victimes, se jouant de toutes les ressources de l'art, un mal contagieux abat en un instant les plus robustes aussi bien que les plus faibles, et décime les populations terrifiées, nous disons : « C'est le choléra, c'est la peste, c'est la fièvre jaune. » Et quand vient à tonner le bronze des batailles, que les escadrons s'entrechoquent, que les glaives étincellent dans la mêlée sanglante, et qu'au-dessus des armées planent les vautours funèbres en jetant des cris d'espérance, nous disons : « C'est la guerre, c'est la bataille d'Austerlitz ou de Solferino.... » Mais si notre regard pouvait aller plus loin que notre terrestre horizon,

peut-être dirions-nous : « C'est l'ange exter-
minateur qui passe, ce même ange qui, dans
une nuit à jamais mémorable, passa sur la
terre des pharaons, qui d'un trait de sa plume
de feu, raya soixante-dix mille âmes des
tables du dénombrement de David, qui frappa
de son invisible épée l'armée presque tout
entière de l'orgueilleux Sennachérib... » Ainsi
dirions-nous peut-être sans nous tromper :
car, je le répète, les anges ne sont point de
vaines idéalités poétiques ou de pures abstractions théologiques ; ce sont, encore une fois,
des réalités plus vivantes que nous ne pouvons
l'être nous-mêmes, réalités que la révélation
impose à notre foi de chrétiens, et que notre
raison de philosophes ne saurait repousser
sans témérité.

Comme vous l'avez pu voir, messieurs, par
le faible aperçu que vous ont donné de la
création nos entretiens passés d'histoire naturelle, notre monde visible porte le sceau
divin non-seulement en l'innombrable multiplicité des êtres dont il se compose, mais

encore en l'infinie variété de leurs relations
entre eux, qui résultant de l'inégalité de leurs
attributs propres, est la principale condition
de la merveilleuse harmonie que nous voyons
éclater en l'ensemble de cet univers. Astres,
météores, animaux, végétaux, minéraux, rien
ne peut se compter, et tout est calculé, tout
est différent, et rien n'est dissonant. Et si nous
considérons la société du genre humain, quel
nombre et quelle diversité de rouages et d'en-
grenages dans cette immense machine, et quel
admirable jeu de l'ensemble, malgré les trop
fréquentes perturbations résultant de l'abus
que font de leur liberté morale tous ces
rouages vivants!

Eh bien! s'il en est ainsi dans le monde
inférieur et visible, doit-il en être autrement
dans le monde supérieur et invisible? Ne doit-
il pas également et plus encore refléter le
divin caractère de l'infinie variété dans l'har-
monieuse unité? Cette même analogie rationnelle qui nous demandait tout à l'heure
impérieusement l'existence des anges, exige

donc aussi la diversité de leurs relations hiérarchiques; et c'est précisément ce que nous enseigne la révélation. *Anges*, *archanges*, *vertus*, *puissances*, *principautés*, *dominations*, *trônes*, *chérubins*, *séraphins*, esprits d'en haut, toujours abîmés dans l'extatique contemplation de la souveraine beauté, toujours embrasés du feu de l'amour divin, toujours participant de la toute-puissante activité, se renvoyant de l'un à l'autre l'hymne éternel de la glorification de leur auteur [1]; merveilleuse hiérarchie des innombrables légions célestes, prodigieuse diversité des relations de tous ces êtres immatériels, spectacle ravissant réservé à notre future félicité!... Mais que fais-je, messieurs? Est-ce à moi qu'il appartient de vous exposer ces merveilles? Venez, Denis l'Aréopagite, nous dire la triple classe des neuf chœurs des anges (H); venez, docte Suarez (I), vous dont j'ai catalogué, classé, numéroté [2]

[1] Et clamabant alter ad alterum, et dicebant : Sanctus, Sanctus, Sanctus, Dominus Deus exercituum; plena est omnis terra gloriâ ejus. (ISAI. VI. 3.)

[2] En qualité de bibliothécaire de l'église de Noyon.

mais non pas lu, je le confesse, les vingt-trois volumes in-folio, venez nous expliquer quelques pages de votre traité *De Angelis*; venez, vous surtout, docteur des docteurs, ange de l'école, saint Thomas (J), venez nous répéter ce que vous ont dit d'eux-mêmes les anges, vos frères.... Ou, s'il ne nous est point donné de vous entendre, vienne, en votre lieu, quelqu'un de nos dignes prêtres, tout imbu de votre doctrine, et avec cet imposant caractère d'autorité que donne à leur parole la mission divine, qu'il vienne nous raconter les merveilles angéliques : ils connaissent ce monde supérieur, ils le fréquentent, ils peuvent nous parler couramment une langue dont je ne sais tout au plus que vous bégayer quelques syllabes.

Je continuerai cependant, puisque ceux auxquels il appartient de traiter un tel sujet m'ont permis de commencer, je continuerai de vous parler des anges. Je vous dirai même leurs noms propres, que vous savez au reste aussi bien et mieux que moi : car ce sont vos noms à vous-mêmes, si, comme il est probable, cet honorable auditoire n'est pas sans renfermer quelque *Michel*, quelque *Gabriël*, peut-être même un *Raphaël*. Ce sont, messieurs, les trois seuls noms propres angéliques qui nous aient été révélés, trois noms de baptême tout trouvés, et que je recommande, à l'occasion, aux parrains et marraines de votre choix, lorsque vous aurez des garçons à faire présenter aux fonts sacrés.

Michel, Raphaël, Gabriël, quels beaux noms [1], messieurs, et quels grands souvenirs !

Avant toutes les dates historiques, en dehors des annales de l'humanité, se place un événement à jamais mémorable, un grand combat dans le ciel, dit le sublime écrivain de l'Apocalypse [2]. Enorgueilli de la splendeur dont il brillait, le plus glorieux de tous les anges [3]

---

[1] Le nom de Michel signifie *qui est semblable à Dieu ?* interrogativement ; celui de Raphaël veut dire *remède de Dieu* ou *médecin de Dieu* ; et celui de Gabriël *force de Dieu.*

[2] Factum est prælium magnum in cœlo. (APOC. XII. 7.)

[3] C'est la commune opinion... que le chef et le plus grand des démons, que nous appelons Lucifer, était le premier de tous les

avait oublié le néant d'où l'avait appelé la voix
du Très-Haut; et se prétendant l'égal de *Celui
qui est*, il venait de pousser contre l'Eternel un
cri de révolte [1], répété par des millions d'esprits
célestes entraînés par lui dans sa défection.
Mais à ce cri de trahison répondit aussitôt
le loyal cri de guerre de Michel et des anges
restés fidèles : *Qui est comme Dieu?* La lutte
s'engagea, lutte mystérieuse, où l'on n'en-
tendit point le cliquetis des épées, ni le gron-
dement du canon, lutte terrible cependant
plus qu'aucune bataille qui ait ensanglanté
notre terre. Vous savez quelle en fut l'issue :
le grand insurgé fut vaincu; et précipité avec
ses légions dans les *ténèbres extérieures*, il
devint ce qu'il est encore, ce qu'il sera toujours, l'esprit du mal, le mal lui-même
substantialisé, le démon; l'instigateur et le
chef de toutes les insurrections passées, présentes et futures, contre le droit, l'ordre et la

anges avant qu'il péchât. (POMEY, *Catéchisme théologique*,
Instruction VII.)

[1] Ascendam super altitudinem nubium; similis ero Altissimo.
(ISAÏ, XIV. 14.)

7

vérité, et pour tout dire en un seul mot, *Satan*, c'est-à-dire l'éternel adversaire de Dieu et des hommes. C'est Michel qui remporta cette victoire célèbre entre toutes les victoires. Qui que vous soyez ici qui vous appellez Michel, soyez fiers de votre nom : car c'est le nom d'un vainqueur plus grand que les Alexandre, les César et les Napoléon : soyez-en fiers, vous dis-je, et ne le déshonorez point en laissant triompher en vous aujourd'hui cet ange du mal autrefois terrassé par votre glorieux patron.

Du ciel redescendons sur la terre. Quels sont ces deux jeunes gens cheminant ensemble à travers les plaines de la Mésopotamie? Pleins de la vigueur de la jeunesse, la beauté brille sur leurs traits et la grâce en leur démarche légère. Mais tandis que l'un s'appuie parfois sur son bâton de voyageur, l'autre semble à peine toucher la terre de son pied dédaigneux. Ce sont deux amis, on le voit aux regards affectueux, aux cordiales paroles qu'ils échangent : mais dans les yeux de l'un brille je ne sais quel feu dont l'œil de l'autre a peine à soutenir l'éclat; et dans sa plus douce voix vibre un accent dominateur dont l'ascendant s'impose irrésistiblement à son compagnon de voyage. Vous avez reconnu, messieurs, le jeune Tobie et l'ange Raphaël, son guide. Ils viennent de Ninive, ils s'en vont au pays des Mèdes. L'ange couvre le jeune homme de sa puissante protection : il le défendra de tous les périls du voyage, lui fera rencontrer une épouse digne de lui, le ramènera sain et sauf au foyer domestique, rapportant, avec la joie de son retour, la lumière aux yeux de son vieux père aveugle : et puis Raphaël remontera aux demeures célestes pour y remplir ses divines fonctions : car c'est, il le dit de lui-même dans l'Ecriture, un des sept anges qui se tiennent devant le Seigneur [1].

Et l'ange Gabriël, quelles sont à lui, dans

[1] Ego enim sum Raphael angelus, unus ex septem qui astamus ante Dominum. (TOB. XII, 15.)

le ciel, ses attributions spéciales? quel est son rang dans la hiérarchie spirituelle? Est-ce un archange, un chérubin, un séraphin? Je n'en sais rien, car l'Ecriture ne nous le dit point (K). Mais ce que je sais, ce que nous savons tous, c'est que jamais aucun de ces ambassadeurs de la Divinité n'a été honoré d'une aussi glorieuse mission. Au jour fixé dans les décrets éternels, il descend sur la terre; il vient, en une humble demeure, saluer une vierge timide, tout à la fois fille des rois et épouse d'un pauvre artisan; il vient traiter avec elle des plus grands intérêts de l'humanité tout entière, la paix de Dieu avec les hommes. Un instant troublée par les mystérieuses paroles de l'angélique salutation, la fille d'Israël a bientôt compris : à la voix de Gabriël qui propose répond la voix de Marie qui consent; et le sublime dialogue à peine terminé, le mystère des mystères s'accomplit; le plus grand événement des annales divines et humaines, l'incarnation du Verbe, s'opère; l'attente de quarante siècles est remplie, et toutes les nations sont bénies en Celui que, dès ce moment, la Vierge-Mère porte en la sainteté de ses entrailles immaculées.... Ange Gabriël, je le dis encore, je ne sais quel est votre rang dans la hiérarchie des esprits célestes : mais nul autre à mes yeux n'est aussi glorieux que vous : car vous êtes l'ange de la grande miséricorde, l'ange de notre rédemption, l'ange à la voix duquel notre nature divinisée s'est, de sa profonde déchéance, relevée jusqu'au-dessus de votre nature angélique elle-même ; et voilà pourquoi sans doute, seul entre tous les anges, vous avez ce glorieux privilége que, trois fois le jour, d'un bout à l'autre du monde catholique, la voix de la cloche consacrée vient nous parler de vous et nous dire : « L'Ange du Seigneur annonça à Marie... » *Angelus Domini nuntiavit Mariæ* (L)....

Messieurs, je le disais, sous l'influence de préoccupations matérielles presque exclusives, si nous n'avons pas absolument rejeté la vérité de l'existence des anges, du moins nous les avons chassés de la vie de ce monde, qui est pour nous la réalité principale, et relégués dans ce que nous appellerions volontiers le vague du ciel; comme si « la subordination de toutes les natures créées » ne demandait pas « que ce monde visible et inférieur soit régi par le supérieur, et la nature corporelle par la spirituelle[1]. » — Mais il fallait remplir le vide immense laissé dans notre esprit et dans notre cœur par leur expulsion; et pour cela qu'avons-nous fait? A notre esprit, qui, fait principalement pour la vérité supérieure, ne peut se passer de l'aliment surnaturel, nous avons donné, pour remplacer la réalité, les superstitieuses chimères de ce qu'on pourrait appeler le mysticisme rationaliste, les incroyables aberrations des utopies humanitaires, sortes d'hérésies du sens commun, non moins dangereuses et mille fois plus ridicules que les hérésies proprement dites, ces écarts de la vraie doc-

---

[1] BOSSUET, *Sermon sur les anges.*

trine, que la science soi-disant positive enveloppait naguère avec la doctrine elle-même, dans le manteau de son superbe mépris. C'est ainsi que l'esprit a essayé de se tromper lui-même en se créant de toutes pièces un faux surnaturel.

Et notre cœur, quelle suffisante compensation avons-nous pu lui donner? Car s'il sent, lui aussi, le besoin de s'élever au-dessus de la terre, il ne saurait pourtant se contenter de creuses abstractions; et l'amour, qui est la vie du cœur, appelle nécessairement à sa communion quelque chose de réellement vivant. Eh bien! nous avons fait ce qu'a fait la passion dans tous les temps, il est vrai, mais plus encore dans les sociétés matérialisées par l'absence de la religion. Nous avons, pour rassasier la faim de notre cœur, surnaturalisé le naturel, nous avons spiritualisé, divinisé le matériel. A la place des anges du ciel dont nous ne voulions plus sur la terre, nous nous sommes fait d'autres anges, des anges purement terrestres, comme ces grossiers enfants d'Israël, qui si souvent préférèrent au Dieu vivant, qui les avait tant de fois sauvés, les dieux sourds et muets des nations infidèles. Choisissant parmi nous d'infirmes créatures, blessées, comme nous, de toutes les blessures faites par le péché à notre pauvre humanité, mais, pour un moment, revêtues de ce vernis trompeur de beauté dont la nature a lustré ses ouvrages, nous en faisons les anges de notre vie. Ces anges terrestres sont humiliés et déchus dans leur chair, que laboure d'avance en tous les sens ce ver de la corruption future auquel elle est promise : mais nous ne voulons pas voir, et notre aveuglement volontaire écarte bien loin ces réalités antipoétiques que le poëte latin appelle en son pittoresque langage, *postscenia vitæ* [1], ce qui se passe derrière la scène de la vie. Ils sont déchus dans tout ce qu'ils ont d'immatériel, dans toutes les puissances de leur âme : mais, sous l'influence de la passion, les défauts les plus visibles échappent à nos regards; que dis-je?

[1] LUCRÈCE, *De naturâ rerum*, l. IV, v. 1182.

notre imagination les transforme en chimériques perfections : et lorsque nous avons ainsi paré nos idoles, prosternés au pied du trône que nous venons de leur élever en notre cœur, nous attendons dans le silence de l'adoration, nous attendons que tombe de leurs lèvres, trop souvent menteuses, la parole qui doit nous faire vivre ou mourir.... Ah! qui dira les innombrables maux causés par ces faux anges de la terre, à la jeunesse surtout, qui se les crée avec une si déplorable facilité! Pernicieuses illusions, amers désenchantements, crimes de tout genre, malheurs de toute sorte, lamentable histoire en un mot, souillée de boue et tachée de sang à toutes les pages de ses annales.

Revenons aux vrais anges, à ceux dont les inspirations sont toujours bonnes, et dont on ne se repent jamais d'avoir écouté les conseils. A chacun de nous, messieurs, dans ce périlleux voyage de la vie, Dieu nous a donné, comme autrefois au jeune Tobie, un ange conducteur. Il nous accueillit, cet ange, à notre entrée en ce monde, alors que les cloches de notre baptême, chantant joyeuses au-dessus de notre berceau purifié, consolaient notre mère des récentes douleurs de son laborieux enfantement. Plus tard, au grand jour où, pour la première fois, le cœur tout palpitant d'une sainte émotion, nous allâmes nous asseoir au banquet eucharistique, il nous y suivit du regard, jaloux, pour ainsi dire, de notre bonheur. Plus tard encore, au pied des mêmes autels, c'est lui qui, sous la bénédiction de l'Eglise et dans la grâce du sacrement, mit dans notre main la main de celle qui devait, en le partageant, nous rendre moins pesant le fardeau de la vie. Chargé de nous garder dans toutes nos voies[1], associé à toutes les douleurs comme à toutes les joies de notre terrestre existence, il nous guide à travers les dangers du voyage, il nous en allége la fatigue, il écarte du chemin

[1] Quoniam angelis suis mandavit de te : ut custodiant te in omnibus viis tuis. (PS. XC. 11.)

les pierres contre lesquelles pourraient heurter nos pieds endoloris [1]. Et lorsque viendra pour nous l'heure suprême,

> A cette heure douteuse où l'âme recueillie,
> Se cachant sous le voile épaissi sur nos yeux,
> Hors de nos sens glacés pas à pas se replie,
> Sourde aux derniers adieux;
> Alors qu'entre la vie et la mort incertaine,
> Comme un fruit par son poids détaché du rameau,
> Notre âme est suspendüe, et tremble, à chaque haleine,
> Sur la nuit du tombeau [2]...

à cette heure, dis-je, il sera là, penché sur le chevet de nos douleurs, murmurant à notre oreille de mystérieuses et consolantes paroles, que nous seuls alors entendrons, tout prêt à recevoir notre âme au sortir de sa terrestre demeure, pour l'emporter sur ses ailes aux régions éthérées.... Messieurs, je le dis une dernière fois, bien que je vienne de citer les vers d'un poëte, ce n'est pas ici de la poésie seulement : c'est aussi la réalité théologique toute vivante au fond des choses : car c'est la

[1] ... Ne forte offendas ad lapidem pedem tuum. (PS. XC. 12.)

[2] LAMARTINE, *Nouvelles Méditations poétiques*, méditation 22e, *le Crucifix.*

voix, la grande voix de l'Eglise infaillible qui nous dit de croire, d'aimer, de prier, d'écouter celui qu'elle appelle notre bon *ange gardien* [1] (M).

[1] Un autre article de la croyance chrétienne, est que Dieu a donné à chacun de nous un *ange gardien*; on conclut cette vérité de plusieurs passages de l'Ecriture sainte. (BERGIER, *Dictionnaire de Théologie*, art. *Ange*.)

Il n'y a pas dans toute la religion de dogme plus aimable et plus consolant que celui de l'existence des anges protecteurs. J'ose même dire qu'il n'y pas de croyance populaire politiquement plus utile; et le peuple qui en serait imbu aurait moins besoin que tout autre du ministère de ces autres surveillants *invisibles* que la politique est forcée de multiplier, qui ne sont pas tout à fait des anges gardiens, qui interprètent les pensées, écoutent les paroles, tiennent registre des actions, et ne portent pas toujours les fautes que notre fragilité nous fait commettre, à un tribunal de miséricorde. Toute institution religieuse supprimée doit être remplacée par une institution correspondante de police, et la liberté n'y gagne pas. (DE BONALD, *Mélanges littéraires, politiques et philosophiques*, 3ᵉ édition, 1852, page 420, en note.)

TROISIÈME DISCOURS

TROISIÈME DISCOURS

LES DÉMONS

MESSIEURS,

« Croire aux anges, passe encore : c'est joli du moins, c'est poétique, surtout si on leur donne des ailes. Mais croire au diable, à sa queue et à ses cornes, c'est par trop fort : allons donc! pour qui nous prenez-vous? »

D'où me vient, messieurs, au début de mon discours, cette objection, ou plutôt cette fin de non-recevoir? D'aucun d'entre vous peut-être? Mais, à coup sûr, elle me vient de quelque part : car les temps sont hostiles aux *choses de l'autre monde*, comme on dit de nos jours avec tant soit peu d'ironie ; l'objection au surnaturel est dans l'air que nous respirons, dans cette atmosphère si longtemps viciée par le souffle empoisonné de l'incrédulité, et que n'a point encore entièrement purifiée l'orage qui, depuis tant d'années déjà, gronde incessamment au-dessus de notre siècle en travail de réparation.

Cette opposition, au reste, ne me sera pas, je l'espère, une pierre d'achoppement ; et répondant à mon adversaire supposé, je lui dirai : Qui que vous soyez, mon cher antagoniste, de deux choses l'une, ou vous êtes chrétien, ou vous ne l'êtes point. Si vous l'êtes, je n'ai qu'un mot à vous dire : prenez garde, et considérez que l'existence des mauvais anges ou démons est, dans le christianisme, une vérité principale, capitale, fondamentale. Tentation, chute et réparation, c'est toute la religion : et de qui vint la tentation, si ce n'est du démon ? Tout se tient, tout s'enchaîne ici dans la doctrine : voulez-vous donc, en rejetant un des articles essentiels de notre foi, répudier et le christianisme et toutes ses conséquences? Cela vaut la peine qu'on y regarde à deux fois.

Mais si vous n'êtes pas chrétien, ou si vous croyez ne pas l'être (car on l'est souvent à son insu, et bien plus qu'on ne pense), vous êtes du moins, j'en suis sûr, homme de bonne foi, prêt à admettre toute vérité, quelle qu'elle soit, qui se présente à votre esprit avec les caractères évidents de la vérité; vous êtes encore, je n'en doute point, homme de sens et d'intelligence, capable de distinguer, de reconnaître ces caractères. Eh bien, cela me suffit : c'est à votre raison plutôt qu'à votre foi qu'en ma qualité de laïque, je vais m'adresser. Veuillez m'accorder un moment d'attention : vous verrez, vous et tous ceux qui pourraient avec vous incliner plus ou moins à la négation, vous verrez qu'il n'est guère possible à quiconque réfléchit de ne pas croire au diable, je ne dis point à ses cornes et à sa queue (N).

Et tout d'abord, ainsi que je l'ai fait pour

les âmes et pour les anges, vous me per-
mettrez de vous présenter de nouveau, dans
toute sa puissance, le grand argument du
témoignage universel des peuples. Compulsez
les annales du genre humain; lisez les récits
des voyageurs dans les cinq parties du monde,
et de la création jusqu'à nos jours,

> De Paris au Pérou, du Japon jusqu'à Rome [1],

en tout temps et en tout lieu vous trouverez
établie non-seulement la croyance aux esprits,
mais encore, dans cette croyance, la distinc-
tion des bons et des mauvais esprits. Anges,
démons, génies, fées, manitous, amschaspands
ou darvands, sous mille noms divers, partout
et toujours on a admis des puissances supérieures, les unes bienfaisantes, les autres
malfaisantes; et quelque rouille d'erreur et de
superstition qui ait pu s'attacher à la vérité
de cette notion primitive, si nous nous rap-
pelons, d'une part, le mot de Bossuet, que
« toute erreur est fondée sur une vérité dont

[1] BOILEAU, Satire VIII, vers 3.

on abuse, » d'autre part, le mot de Cicéron, que « en toute chose l'assentiment universel fait loi, [1] » nous reconnaîtrons à cette première preuve, tirée du consentement unanime des peuples, la décisive autorité qui lui appartient (O).

Avec le genre humain tout entier, je pourrais encore appeler en témoignage les hommes supérieurs que je vous citais à propos des anges, ces grands noms de penseurs et d'écrivains qui ont cru, qui croient, aussi bien que le peuple, aux mauvais comme aux bons esprits. Mais comme, si célèbres qu'ils soient, ces noms peuvent n'être pas familiers à toutes les oreilles dans mon auditoire, que chacun de nous plutôt interroge ses souvenirs particuliers, et se demande à lui-même : « Voyons, parmi les gens de ma connaissance, n'y en a-t-il pas au moins un qui, croyant fermement à cette *bêtise*-là n'est point du tout d'avis que le diable l'emporte, et prend en conséquence ses pré-

---

[1] Omni autem in re consensio omnium gentium lex naturæ putanda est. (CICERO, *Tuscul.* lib. I, cap. 3.)

cautions? Et ce quelqu'un-là pourtant n'est pas plus bête que moi : au contraire, il se pourrait bien, à franchement parler, qu'il eût un peu plus d'esprit et de science que je n'en possède. Donc, tout au moins, la chose ne doit pas être, au fond, si absurde qu'elle m'en a l'air.... C'est, sinon une preuve, du moins une considération qui, dans la question dont nous nous occupons, ne laisse point d'avoir sa valeur. Elle a surtout le mérite d'être à la portée de tout le monde.

Mais laissous-là les raisons d'autorité, sur lesquelles, en ce temps d'indépendance où nous vivons, il ne faut pas trop insister, et venons à l'argumentation purement rationnelle.

S'il existe, et nous croyons l'avoir suffisamment établi dans notre précédent discours, s'il existe des puissances spirituelles bonnes, des esprits de lumière, pourquoi pas aussi des puissances spirituelles mauvaises, des esprits de ténèbres? n'y a-t-il point, parmi nous autres hommes, des bons et des méchants, des honnêtes gens et des fripons, des gens *comme il faut* et des *pas grand'chose?* Puisque les esprits d'en haut pouvaient, ainsi que nous, abuser de leur liberté, pourquoi ne pas vouloir qu'ils en aient effectivement abusé? Il est vrai qu'entre eux et nous il y a cette grande différence, qu'ils ne peuvent point se corriger et devenir meilleurs : mais cela n'est pas une objection : car l'homme aussi, par l'abus continué de sa liberté morale, peut en arriver-là et finir par se trouver incapable de retour au bien, à moins d'un de ces miracles de la grâce que Dieu ne doit à personne. Nous reviendrons tout à l'heure à cette considération.... Messieurs, disons-le, le respect humain de beaucoup de gens est ici la dupe des mots. Qu'on leur parle du diable purement et simplement, sans circonlocution, ils se croient en conscience obligés de sourire, afin qu'on ne les assimile point à la bonne femme qui fait leur ménage : mais employez quelque synonyme à l'air tant soit peu savant et philosophique, comme par exemple intelligence supérieure pervertie ou autre locution analogue, et vous verrez le fil passer beaucoup plus facilement par le trou de l'aiguille. O puissance des mots pour faire accepter ou rejeter les choses! *Quousque tandem abutere...*[1]? Mais j'oublie que je ne suis pas précisément Cicéron.

Donc, messieurs, avant d'aller plus loin, je crois pouvoir conclure que la croyance aux démons n'est pas plus irrationnelle que la croyance aux bons anges; et cela suffit au besoin de ma thèse, n'ayant pas la prétention de démontrer complètement par la raison toute seule une vérité qui repose principalement sur les données de la révélation.

Je me trompe, cela ne m'est point suffisant; et si j'osais vous dire toute ma pensée, je vous dirais (c'est entre nous, gardez-moi le secret), que non-seulement l'existence du diable me paraît chose parfaitement croyable, mais que ses cornes mêmes et sa queue ne sont

[1] CICÉRON, Exorde de la première *Catilinaire*.

pas sans avoir, à mes yeux, une certaine raison d'être, beaucoup plus acceptable que ne le croient communément les gens qui veulent passer pour avoir de l'esprit. Ne criez point, s'il vous plaît, *haro sur le baudet* [1], avant d'avoir entendu mes explications. Qu'est-ce que le démon? C'est le mal ou le désordre réellement et substantiellement personnifié, résumant en lui toute méchanceté, toute fausseté, toute impureté, en un mot toute laideur morale. Eh bien, quand l'imagination vient, suivant son procédé habituel et nécessaire, prêter un corps à cette hideuse spiritualité, quelle autre forme peut-elle légitimement lui donner, que la plus hideuse de toutes les formes? Et quelle autre lui convient mieux encore, en réalité, lorsqu'il plaît à son invisible malice d'emprunter cette enveloppe sensible avec laquelle il a troublé l'oraison de plus d'un pieux anachorète? Mais ceci soit dit en passant et sans insister davantage : pour peu que vous y teniez, je vous abandonne,

[1] LAFONTAINE, *les Animaux malades de la peste.*

sans regret, les cornes et la queue du diable ;
à la condition toutefois que vous n'en ferez
point un mauvais usage, c'est-à-dire que votre
plaisanterie ne s'en servira pas pour battre en
brèche témérairement la terrible vérité de sa
maudite existence. (P).

L'Ecriture sainte, qui nous montre, à toutes
ses pages, les mauvais anges intervenant sans
cesse, aussi bien que les bons, dans les
affaires humaines, l'Ecriture nomme Satan
le prince de ce monde [1], parole singulièrement
énergique, sur laquelle j'appelle toute votre
attention. L'action diabolique ici-bas est de
deux sortes, surnaturelle ou naturelle. Elle
est surnaturelle, lorsqu'elle se manifeste par
des effets miraculeux ; c'est-à-dire en dehors
des lois ordinaires de la nature : par exemple,
les *possessions* de l'Evangile. Les bons chrétiens y croient, tout simplement par cette
populaire et excellente raison que c'est *parole
d'évangile ;* et les apologistes de la religion les

[1] Princeps hujus mundi ejicietur foras. (JOAN., XII, 31.)

ont prouvées aux incrédules de toutes les manières dont un fait puisse se prouver [1]; ce qui n'empêche pas certaines gens d'y faire encore des objections mille fois réfutées, mais que, dans la simplicité de leur ignorance, ils croient toutes neuves. Pour savoir à quoi s'en tenir là-dessus, comme sur bien d'autres points contestés en religion, il suffirait d'avoir lu une petite partie seulement de ce qu'on en a écrit. Mais qui est-ce qui lit maintenant autre chose que la nouvelle et le feuilleton du jour avec le cours de la rente? Mon dessein, au reste, n'est point d'insister sur l'immixtion surnaturelle des démons dans nos affaires. Je me contenterai de vous dire qu'elle se produit encore de nos jours, aussi bien qu'aux temps de l'Évangile; et chargeant M. Gougenot Des Mousseaux de vous le démontrer, dans son livre de *la Magie au XIXe siècle* (Q), je m'appesantirai, moi, tout particulièrement sur cette sorte d'intervention diabolique que j'ap-

[1] Voir, entre autres ouvrages, *les Livres saints vengés*, par M. l'abbé Glaire.

9

pelle naturelle, parce qu'elle a lieu sans effets miraculeux. Commençons préalablement par quelques considérations générales sur l'existence du mal. C'est du mal moral seulement que je veux parler, de ce mal qui procède de la volonté humaine pervertie par les suggestions infernales. Quant au mal physique, ainsi qu'on appelle, en philosophie, la collection de toutes les misères de notre condition actuelle, il n'est que la conséquence logique du mal moral, le fruit empoisonné de cet arbre maudit.

De quelque manière qu'il se définisse et s'explique philosophiquement, le mal, par le fait, existe incontestablement au milieu de nous. Et non-seulement il y existe, mais il y tient une place considérable, il y joue un rôle immense. Individus et nations, personnellement ou collectivement, tout le monde fait le mal plus ou moins [1]. On le fait à tout instant, en tout lieu, de toute manière. Depuis le presque imperceptible dérèglement de la

---

[1] ... Non est qui faciat bonum, non est usque ad unum. (PS. LII, 4.)

volonté, inaperçu même de la conscience, dans l'âme des plus vertueux, jusqu'aux plus épouvantables excès de la malice humaine dans la vie des grands criminels, quelle interminable succession de degrés dans le mal! Et quelle n'est pas aussi l'inépuisable fécondité de ses moyens d'action! Insaisissable Protée, le mal prend toutes les formes, il parle toutes les langues, il se nomme de tous les noms, même de celui de la vertu [1]. Pour nuire, il n'est rien au monde dont il ne sache se faire une arme meurtrière. En nous comme hors de nous, tout lui sert contre nous, même ce qu'il y a de meilleur. Nos mauvais penchants, il les surexcite; nos bons, il les dénature. Il se sert de la science pour nous enorgueillir et de l'art pour nous corrompre. Il égare jusqu'à la sainteté elle-même dans les routes fleuries d'un mysticisme plein d'illu-

[1] Tu potes unanimos armare in prælia fratres,
Atque odiis versare domos, tu verbera tectis
Funereasque inferre faces; tibi nomina mille,
Mille nocendi artes.
(VIRGILE, Énéide, l. VII, v. 335-338.)

sions, ou dans les régions désolées d'un âpre rigorisme. Mais rien n'égale surtout l'opiniâtre activité de ses indomptables efforts. Mille fois vaincu dans cette lutte corps à corps que depuis le commencement du monde il a engagé contre le bien, mille fois terrassé, comme le géant de la fable, chaque fois qu'il a touché la terre, il se relève avec de nouvelles forces, et la certitude de la dernière et inévitable défaite qui l'attend au futur renouvellement de toutes choses, ne lui enlève rien de sa présente énergie. Vous coupez les branches, vous abattez le tronc, mais de la racine inextirpée repullulent sans cesse de nouveaux rejetons ; et le mal se multiplie, il s'étend, il couvre la face de la terre ; et si monstrueux en sont parfois les effets, qu'en face de cette méchanceté réellement surhumaine, on ne peut s'empêcher de s'écrier : La volonté de l'homme n'est pas seule ici ; quelque chose de l'enfer est visiblement avec elle. (R).

Oui, messieurs, soyez en sûrs, pour le mal

comme pour le bien, notre volonté est non pas contrainte (car nous en sommes toujours les maîtres), mais menée par quelqu'un qui n'est pas de ce monde. Quand, sous la direction du tentateur, elle s'engage dans la voie mauvaise, malheur à elle! car si peu qu'elle dévie aujourd'hui du bien, où s'arrêtera-t-elle? Elle peut aller jusqu'aux extrémités du mal. Le plus grand crime se trouve en germe dans le plus léger délit; seulement au développement complet de ce germe il faut le temps et les circonstances :

> Un seul jour ne fait point d'un mortel vertueux
> Un perfide assassin, un lâche incestueux [1].

En considérant sous un certain point de vue la perversion graduelle de notre volonté, on y peut distinguer trois états successifs, dont voici les caractères, les tendances : chercher d'abord son bien, ou ce que l'on croit tel, par des moyens bons ou mauvais, *per fas et nefas*; chercher ensuite, comme dit le fabuliste,

[1] RACINE, *Phèdre*, acte IV, scène II.

Son bien premièrement et puis le mal d'autrui [1];

chercher enfin son bien dans le mal d'autrui. Suivons cette donnée.

La passion présente à ma convoitise un objet dont la possession fera, dit-elle, mon bonheur. Il me faut cet objet ; et pour l'avoir, si les moyens licites sont insuffisants, j'emploie les illicites. Mais, remarquez, je ne les choisis point, je ne les emploie qu'à défaut d'autres ; parce que la passion me domine et me pousse, *reluctante conscientiâ*, en dépit des réclamations de ma conscience ; et c'est à regret que, pour me satisfaire, je lèse la majesté de la loi et les droits de mon prochain. Je ne suis encore qu'au premier degré de la perversité. Mais attendez : par suite de la perpétration du méfait, le mal a déjà, pour ainsi dire, apprivoisé ma conscience : accepté d'abord à regret et comme moyen seulement, il m'apparaît ensuite avec un certain attrait particulier, *sui generis*, comme disent les savants ; et vienne alors à se représenter l'objet de la convoitise,

[1] LAFONTAINE, *le Singe et le Chat*.

je trouverai dans la transgression de la défense divine ou humaine, et dans le tort fait à mon semblable, comme une jouissance d'assaisonnement, qui s'ajoute, par surcroît, au plaisir de la passion satisfaite. C'est, pour la volonté déjà malade, l'irrésistible attrait du fruit défendu. J'ai fait, sans m'en apercevoir peut-être, un grand pas de plus en la voie de l'iniquité. Le troisième et dernier pas, c'est, je l'ai dit, de ne plus chercher son bien, son plaisir que dans la violation même de la loi et dans le préjudice causé à autrui, de ne plus vouloir dans le mal que le mal lui-même, et de demander aux plus grands excès en tout genre une horrible félicité. Oui, messieurs, nous pouvons arriver à cet effrayant degré de perversité, c'est-à-dire à la cruauté de Tibère, à la luxure de Messaline, à l'impiété d'Antiochus. L'homme alors n'est pour ainsi dire plus l'homme; tout est en lui dénaturé, vicié, perverti; plus un rayon de vérité, plus une étincelle de charité dans son âme; et il n'est point jusqu'au cœur même d'une mère, cet inépuisable trésor d'amour et de dévoûment, dont, par la plus incompréhensible transformation, Satan ne puisse faire le cœur d'une bête féroce. J'exagère peut-être ? Eh bien, écoutez.

Entendez-vous ces cris qui viennent d'une maison voisine, cris de détresse étouffés dans d'horribles imprécations ? Ce sont ceux d'un pauvre petit enfant que sa mère dénaturée a pris en une atroce aversion. A d'autres enfants le pain quotidien des sourires, et des caresses et des baisers maternels : à celui-ci, tous les jours, les menaces, les injures et les coups, sans que ni la faiblesse et les grâces innocentes de son âge, ni son visage éploré, ni ses supplications pleines de terreur puissent attendrir la femme qui lui a donné le jour. Que dis-je ? Cette haine sans nom s'exaltant de plus en plus jusqu'à la frénésie, c'est la faim, c'est le froid, c'est l'insomnie, c'est le fer et le feu, ce sont tous les supplices à la fois qu'endure incessamment le pauvre petit martyr ; et ses tourments inénarrables sont pour le monstre qu'on dit être sa mère une souveraine délectation; jusqu'au jour où le dernier soupir de la victime s'exhalant dans une dernière malédiction du bourreau, son âme enfin délivrée va chercher au sein de Dieu la surabondante et éternelle consolation d'une infortune dont la raison ne se trouve qu'au plus profond des mystères de la conduite providentielle...

Voilà, messieurs, ce qui s'est passé, ce qui se passe peut-être encore, au moment où je parle non pas chez les peuplades anthropophages des archipels océaniques, mais au sein même de notre civilisation chrétienne. Vous avez lu plus d'une fois, dans les journaux, ces épouvantables récits, et ils vous ont révélé la profondeur de la parole sacrée : *brevis omnis malitia super malitiam mulieris* [1] : non il n'est point de méchanceté comparable à la méchanceté de la femme, de la mère surtout, dont le démon a perverti tous les sentiments naturels; parce que, je le ré-

[1] ECCLI., XXV, 26.

pète, son cœur est le chef-d'œuvre de la bonté divine, et que ce qu'il y a de pire au monde, c'est la corruption de ce qu'il y a de meilleur : *corruptio optimi pessima.*

Lorsque la volonté est descendue ainsi jusqu'au fond de l'abîme de la perversité, qu'elle ne fait plus qu'un avec le mal, qu'elle en est pénétrée, saturée, pour ainsi dire, c'est alors que, sentant se briser tous les liens qui l'unissaient à Dieu et à ses semblables, l'homme resté seul en face de son immense corruption, pousse, comme le Satan de Milton, cet effroyable cri de désespoir et de perdition : « O mal, sois désormais mon unique bien!... [1] »

Ainsi morte à la vie morale, cette âme peut-elle encore revivre? Peut-être... Mais, pour un pareil miracle, il ne faut rien moins que la toute-puissance de Celui dont la voix peut rappeler de leur tombeau des morts atteints déjà de la putréfaction [2].

Messieurs, rendons-nous justice : nous ai-

[1] MILTON, *le Paradis perdu*, l. IV.
[2] Lazare, veni foras! (JOAN. XI, 43.)

mons naturellement le vrai, le beau nous attire à lui comme l'aimant attire le fer, et ce n'est que dans l'atmosphère du bien que nous respirons à l'aise. Comment donc Satan peut-il nous précipiter ainsi dans le mal? Ah! c'est qu'il y a, par malheur, quelque chose en nous qui conspire avec lui contre nous. Qu'importent les bastions qui protégent la place au dehors, si quelque traître du dedans livre à l'ennemi le mot du guet? Cela veut dire qu'en même temps que nous sommes portés vers le bien, je ne sais quelle force mystérieuse et supérieure nous incline aussi vers le mal. C'est donc dans notre propre concupiscence que le levier satanique prend son point d'appui; et la manœuvre de l'adversaire est d'ailleurs si savante! Pour nous faire accepter le mal, qui, de prime-abord nous répugne, il se garde bien de procéder par sommations d'huissier, même respectueuses, et n'est pas si sot que de vouloir emporter de vive force et d'emblée la forteresse de notre volonté.

« Bonne chasse, dit-il, qui l'auroit à son croc!
» Eh! que n'es-tu mouton! car tu me serois hoc;
» Au lieu qu'il faut ruser pour avoir cette proie :
» Rusons donc [1]. »

Et, comme le loup de la fable, Satan ruse, il biaise, il louvoie, il encourage par des prétextes la secrète complicité de nos mauvais penchants; il cherche à concilier la lumière et les ténèbres, il couvre le mal des apparences du bien... Et lorsqu'enfin il a réussi à nous faire prendre le change, alors en sa joie homicide il s'applaudit; car il a mis ainsi à l'aise, autant qu'elle y peut être, la conscience de tous les méchants, depuis les grands malfaiteurs du poignard ou de la plume, qui assassinent les hommes ou les principes, jusqu'aux petits fripons du faux poids et de la double balance.

Le règne du démon sur notre volonté, c'est la complète perturbation de l'harmonie du monde moral, toutes les relations naturelles et surnaturelles de l'homme avec Dieu, avec ses semblables, avec les créatures en

[1] LAFONTAINE, *le Cheval et le Loup.*

général, se trouvant désormais faussées. Je dis les relations de l'homme avec Dieu, méconnu dès-lors comme principe et comme fin; je dis les relations de l'homme avec ses semblables, dans lesquels il ne voit plus des frères à aimer, mais seulement des êtres faits pour servir de jouets à son orgueil ou d'instruments à ses plaisirs; je dis les relations de l'homme avec toutes les créatures, spécialement avec les créatures inférieures, dont, au lieu de s'en servir pour les rapporter à leur fin, il ne sait plus qu'abuser de toutes manières, au gré de cet affreux égoïsme sous la tyrannie duquel elles gémissent incessamment depuis le péché [1].

L'égoïsme! voilà la plante vénéneuse semée par Satan dans le jardin de notre âme; plante à triple racine, qui produit sept fruits différents; plante extraordinairement vivace, à laquelle conviennent tous les terrains, sur-

---

[1] Scimus enim quod omnis creatura ingemiscit et parturit usque adhuc. (PAUL. *ad Rom.* VIII, 22.)

tout ceux qu'on laisse en friche ; plante omise dans les traités de botanique, mais dont il est parlé fort au long en certain petit livre que nous avons tous su par cœur, mais que beaucoup d'entre nous ont malheureusement oublié. Pour ne pas trop nous écarter dans cette digression de botanique morale, nous ne mentionnerons que trois d'entre les fruits de l'égoïsme, ceux que le catéchisme appelle orgueil, avarice et luxure. Chacun d'eux produit un empoisonnement spécial. Voici d'abord les effets de l'empoisonnement par l'orgueil. Aussitôt que vous avez mangé de ce fruit-là, vous sentez vous monter à la tête comme les fumées de je ne sais quelle ivresse : il vous semble que vous grandissez, grandissez, grandissez indéfiniment jusqu'à la taille la plus gigantesque, tandis qu'en même temps vos semblables, autour de vous, se rappetissent dans la même proportion, jusqu'à devenir presque des fourmis sur lesquelles votre pied n'a qu'à se poser négligemment pour les écraser. C'est l'orgueil de la supériorité dans tous les genres. Voici celui de l'infériorité.

On n'est ni riche ni beau ; on a peu d'esprit et de talent, moins encore de vertu ; en un mot, on est presque totalement dépourvu de ces avantages intrinsèques ou extrinsèques qui font plus ou moins valoir l'homme : et cependant l'on se prétend tout autant que celui-ci ou que celui-là. L'on n'est rien, et l'on se croit quelque chose :

> Nous ne nous prisons pas, tout petits que nous sommes,
> D'un grain moins que les éléphants [1],

Disait le rat de Lafontaine. Ainsi parle, dans tous les temps, l'orgueil des inférieurs. Que dis-je ? A notre époque de désorganisation sociale, où les événement l'ont surexcité outre mesure, il tient un langage bien autrement superbe ! « A moi, dit-il, la primauté ! à moi tout ce qui brille et qu'on renomme ! Et pour y arriver, à ce but souverain, qu'importent les moyens ? Eh quoi ! vivre obscur et mourir inconnu dans son étroite coquille, aimant

[1] LAFONTAINE, *le Rat et l'Eléphant.*

vulgairement sa femme et ses enfants, payant ses contributions avec la plus mesquine régularité, ôtant servilement son chapeau ou sa casquette à toutes les autorités constituées, depuis le chef de l'Etat jusqu'à Monsieur le Maire inclusivement, fi donc! Quelle pauvreté! Est-ce que c'est là une destinée qui me convienne? Non, non, je veux une autre existence, je la veux à tout prix; et pour faire parler de moi, si ma nullité n'a d'autre ressource que celle d'Erostrate, eh bien! je brûlerai, s'il le faut, le temple de la société, dussé-je périr moi-même au milieu de l'incendie allumé par mes mains!... »

C'est ainsi qu'agit diversement sur les grands et sur les petits le poison de l'orgueil, un des sept fruits de l'égoïsme. Le poison de la luxure donne lieu à un autre genre de folie, dont je me garderai bien de dire ici tous les effets, attendu que vous vous boucheriez les oreilles, que M. le président ferait aller sa sonnette, et qu'on mettrait immédiàtement l'orateur à la porte. Je laisserai dans l'ombre le trop vilain côté de la chose, et, la considérant seulement dans son romanesque idéal, je vous demanderai s'il y a quelque chose au monde de plus ridicule qu'une passion qui fait dépendre le sort d'un être raisonnable de ce que les poëtes et les romanciers appellent *un je ne sais quoi :* et non-seulement le sort de l'individu, mais quelquefois même la destinée des nations : car enfin, ce je ne sais quoi qui, au dire des romans, ensorcelle les gens bien épris, ce je ne sais quoi, si peu de chose qu'on ne saurait le définir, non-seulement il peut livrer la force d'un Samson à la perfidie d'une Dalila, mais encore il peut remuer le monde entier ; et, par l'enchaînement des causes et des effets, si le nez de Cléopatre eût eu quelques millimètres de plus ou de moins, c'est Pascal qui le dit, « toute la face de la terre aurait changé [1]. » Je vous demanderai encore si, même en sa plus poétique expres-

[1] PASCAL, *Pensées.*

sion, elle est aussi noble qu'on le prétend, cette passion qui, dans l'immense capacité de notre cœur, ne laisse de place pour aucun autre sentiment; cette passion qui, absorbant totalement, au profit exclusif l'une de l'autre, deux individualités sur lesquelles la société entière avait des droits, a pu se définir avec justesse *de l'égoïsme à deux;* cette passion tellement vaine au fond, qu'une fois le charme évanoui et le lien rompu, si, quelque temps après, on vient à se rencontrer, comme les augures de l'ancienne Rome, on a parfois de la peine à s'empêcher de rire en se regardant, et l'on se dirait volontiers l'un à l'autre, au souvenir des folies d'autrefois : « Est-il bien possible? »

L'avarice, messieurs, ou la cupidité, c'est une troisième forme de l'égoïsme, celle qui soulève le plus énergiquement la répulsion universelle. Que n'a-t-on pas dit de l'avarice, et que ne pourrait-on pas dire encore? L'avare a, comme un autre, des yeux; mais ce n'est point pour admirer les merveilles de la nature ou les beautés de l'art ; rien au monde qui les réjouisse, si ce n'est le magique éclat de son or illuminant les ténèbres du caveau où il est entassé. L'avare a, comme un autre, des oreilles ; mais ce n'est point pour écouter la musique de Rossini ou celle du rossignol ; rien au monde qui puisse les charmer, si ce n'est le mélodieux va et vient de ces pièces de cent sous tombant et retombant d'un coffre dans un autre. L'avare a, comme un autre, un cœur ; mais ce n'est point pour aimer Dieu, ses parents, sa patrie, ses amis ; rien au monde qui puisse y trouver place, si ce n'est le numéraire ou ses équivalents. L'avare a, comme un autre, ses opinions politiques, mais très-accommodantes, il faut le reconnaître ; roi, république ou empereur, peu lui importe après tout l'effigie et la légende, pourvu que la pièce soit de bon titre et de bon poids, bien marquée et non rognée. L'avare croit, comme un autre, à une divinité, mais c'est à la divinité de sa cassette ;

et quand il l'a perdue, cette cassette adorée, il ne dit point « Je l'ai perdue, » mais bien « Je suis perdu ! » (*Perii!*) « Je suis mort ! » (*Occidi!*) [1], et jamais langage ne fut plus vrai : car lui et sa cassette, ou plutôt sa cassette et lui, c'est tout un ; ne cherchez nulle part ailleurs une plus complète et plus parfaite identification de deux choses différentes.

Avec l'orgueil, l'avarice et la luxure, les autres enfants de l'égoïsme sont la gourmandise, l'envie, la colère et la paresse, en tout sept fils ou filles, qui forment sa postérité immédiate. Mais les frères et les sœurs se sont mariés entre eux, non pas devant l'Eglise assurément ; et de cette étrange promiscuité qu'a bénie Satan, sont sortis d'autres enfants ; et de ces derniers d'autres encore ; et maintenant l'on compterait plutôt les grains de sable des rivages, que les produits divers issus de ces générations suc-

[1] PLAUTE, *Aulularia*, acte IV, scène IX.

cessives. Je vous renvoie, messieurs, aux livres des moralistes, pour la nomenclature et la classification des vices et des défauts inhérents à notre humanité déchue : mais je ne puis ne point vous signaler la secrète affinité qui les unit au fond de leur apparente diversité. Entre l'orgueil qui fait effort pour monter, et la paresse honteusement accroupie dans son ignoble oisiveté, entre la cruauté altérée de sang et la volupté couronnée de roses, semble-t-il, de prime-abord, qu'il puisse y avoir le moindre rapport sympathique ? n'y verrions-nous pas plutôt une complète opposition ? Et cependant l'observation a constaté, des exemples fameux nous ont révélé le mystérieux trait d'union qui les associe.

> Quand le sang rejaillit sur vos robes de fête,
> Amis, lavez la tache avec du vin de Crète ;
> L'aspect du sang n'est doux qu'au regard des méchants :
> Couvrons un jeu cruel de voluptés sublimes ;
> Malheur à qui se plaît au cri de ses victimes,
>   Il faut l'étouffer dans des chants ! [1]

[1] VICTOR HUGO, *Odes et Ballades*, un chant de fête de Néron.

C'est ainsi que la poésie fait parler le cruel et voluptueux Néron ; et d'accord ici avec l'histoire, elle l'est également avec le raisonnement spéculatif, qui nous dit *à priori* qu'enfants d'un même père, tous les vices nécessairement sont frères, de même que toutes les vertus sont sœurs.

Enfants d'Adam, messieurs, et tous à l'origine, contenus *en germe* ou *en puissance* (S) dans cet homme type et principe, nous ne sommes point seulement des individus, vivant de notre vie personnelle, les uns à côté des autres : nous sommes aussi les membres d'un même corps, vivant d'une vie collective les uns dans les autres ; parties intégrantes, comme disent les mathématiciens, d'un grand total, la société universelle ou catholique, lequel se fractionne en d'autres totaux, société nationale, société communale ou paroissiale, société domestique, et tant d'autres sociétés de toute espèce, y compris celle de Saint-

François - Xavier de Noyon. C'est comme une collection de cercles concentriques, enserrés les uns dans les autres, et se mouvant tous ensemble autour du soleil des esprits, qui est la Divinité. En notre qualité donc de sociétaires, de quelque manière et à quelque degré que ce soit, nous avons les uns à l'égard des autres des droits et des devoirs réciproques et corrélatifs, droits et devoirs dérivant des deux principes fondamentaux de toute association : l'égalité absolue de tous les hommes devant Dieu, et leur inégalité relative devant la société; auxquels principes correspondent les deux vertus sociales essentielles, l'esprit de condescendance et l'esprit de soumission. Par l'esprit de condescendance, l'homme supérieur, adhérant au grand principe de l'égalité chrétienne, s'incline vers l'inférieur qu'il reconnaît pour son frère et lui tend une main amie : par l'esprit de soumission, l'inférieur non-seulement reconnaît mais honore la supériorité de son semblable, et grâce à cette union, par l'échange des services de tout genre reçus et rendus, la société entière marche ainsi d'accord et d'ensemble vers son double but : l'amélioration de l'homme pour la vie future, en même temps que l'amélioration des conditions de sa présente existence

Tout va bien jusqu'ici. Mais voici qu'intervient encore Satan, le grand *adversaire* [1] nonseulement des individus, mais aussi des sociétés. Son but constant, c'est de diviser les hommes pour régner sur eux, par conséquent la ruine de toute véritable association : son moyen, c'est, avec l'obscurcissement des principes dans les intelligences, la surexcitation des mauvais instincts dans les volontés.

Je dis d'abord l'obscurcissement des principes, par suite duquel l'homme égaré dans ses voies, ne sait plus reconnaître l'ordre providentiel. Au moyen des inégalités naturelles, d'où résultent les inégalités sociales, la Providence a voulu unir indissolublement les hommes entre eux, par les liens multipliés à

---

[1] Le mot hébreu *Satan* signifie ennemi, adversaire.

l'infini d'une dépendance réciproque ; l'un donnant de sa force, l'autre de sa richesse, celui-ci de sa science, celui-là de son courage, chacun de nous, en un mot, donnant aux autres de ce dont il abonde, pour en recevoir de ce qui lui manque ; échange universel des biens de toute nature, qui, facilité par la généreuse influence du christianisme, fait de la société un vaste et fraternel système de compensations. Eh bien, sous l'inspiration satanique, l'homme, ai-je dit, méconnaît complètement la grandeur et la beauté de ce plan divin ; et, séduit par de trompeuses abstractions, au principe fécond de l'inégalité il prétend substituer le brutal niveau d'une impossible égalité, avec le chimérique espoir d'enlever ainsi à la souffrance et au péché la part plus ou moins large que, par la force des choses, ils se font et se feront toujours dans notre monde.

Ce n'est pas tout : en même temps que, pour la destruction de la société, Satan obscurcit les principes dans notre esprit, il surexcite, dans notre cœur, les instincts de notre perversité native. Il exalte l'orgueil des grands, qui, ne voulant point de l'égalité devant Dieu, se refusent, par conséquent, à la fraternelle condescendance envers les inférieurs : il exalte l'orgueil des petits, qui, jalousant toute supériorité, lèvent contre l'ordre établi l'étendard sanglant d'une fraternité menteuse. De là, messieurs, les luttes intestines, et les ruines amoncelées, et la société menacée d'une complète dissolution.

Ce n'est pas tout encore : tandis qu'un infernal esprit de division travaille ainsi au dedans ces grandes collections d'hommes qu'on appelle des nations, soulevées en même temps les unes contre les autres, par l'ambition des rois ou la jalousie des peuples, comme par un vent de tempête, elles se menacent, elles s'attaquent, elles s'entrechoquent avec fureur, les plus fortes assassinant les plus faibles, et celles-ci criant en vain au secours ; comme si les relations internationales étaient réglées par une autre loi morale que cette loi de justice et de charité, qui dit aux nations, comme aux individus : « Ne fais point aux autres ce que tu ne voudrais pas qu'on te fît à toi-même : fais à autrui ce que tu veux qu'à toi-même il te soit fait. »

Lorsque l'on considère, messieurs, la puissance du mal dans le monde, sa dévorante activité, son indomptable opiniâtreté, les immenses ressources dont il dispose, à certaines époques de l'histoire surtout, on se demande, avec un étonnement mêlé de terreur, comment la société peut encore se tenir debout. Ce maintien perpétuel de l'ordre social, battu en brèche incessamment par le bélier de toutes les mauvaises passions conjurées, c'est, remarquez-le bien, une des grandes merveilles de la toute-puissance providentielle. Toujours en mouvement, sous l'influence des miasmes délétères empoisonnant notre atmosphère morale, le thermomètre du mal monte ou s'abaisse selon les temps, sans jamais descendre à zéro : le corps social respire plus ou moins librement, mais il vit toujours. Le mal agit, le bien réagit; et d'action en réaction, à travers mille perturbations, la grande machine continue cependant de fonctionner. Tantôt c'est l'équilibre entre le bien et le mal : tantôt c'est le bien qui règne, mais jamais en état de paisible possession : tantôt c'est le mal qui domine, mais toujours pour un temps seulement. Il est néanmoins des époques où ce triomphe du mal paraît si complet, qu'avec le présent l'avenir semble encore lui appartenir. Maître alors de l'opinion publique, qui est toujours par le fait, sinon par le droit, la reine du monde, à la vue de l'édifice social oscillant sur ses fondements ébranlés, Satan pousse un tel cri de victoire, que les gens de bien pâlissent et se sentent défaillir dans le sentiment de leur minorité en apparence impuissante.... Mais hommes de peu de foi, pourquoi donc craignez-vous [1]?

> Celui qui met un frein à la fureur des flots
> Sait aussi des méchants arrêter les complots [2] :

[1] Quid timidi estis, modicæ fidei? (MATT. VIII, 26.)
[2] RACINE, *Athalie*, acte I, scène 1.

« Aux sinistres clartés de la foudre qui gronde [1], » laissez passer la justice de Dieu ; sachez attendre en combattant toujours : et bientôt va briller dans la nue l'arc aux sept couleurs de l'alliance divine ; et reprenant sa marche un instant retardée, l'humanité s'avancera de nouveau, pleine d'espérance, vers ce terme du renouvellement de toutes choses, qui doit s'opérer par l'entière et définitive destruction du mal, désormais enchaîné pour toujours dans le puits de l'abîme [2].

Malgré le diable et ses cornes, me voici, messieurs, arrivé au bout de ma tâche. Encore quelques mots seulement, et j'ai fini. Faire le bien ou faire le mal, ou, comme parle le catéchisme, pécher ou ne pas pécher, c'est la question capitale de la vie, la question d'Hamlet pour notre âme [3]. Il y va de tout notre bon-

[1] LAMARTINE, *Nouvelles Méditations poétiques*, Bonaparte.

[2] Et mors ultra non erit, neque luctus, neque clamor, neque dolor erit ultra, quia prima abierunt. Et dixit qui sedebat in throno : Ecce nova facio omnia. (APOC. XXI, 4 et 5.)

[3] Etre ou n'être pas, voilà la question, (SHAKESP., *Hamlet*.)

11

heur en ce monde et en l'autre. Or, pour ne point faire le mal, vers lequel nous sommes entraînés, il faut résister à l'ennemi, lui résister courageusement, ainsi que nous dit saint Pierre tous les dimanches, entre vêpres et complies [1]. Mais comment lui résister, si nous ne croyons premièrement à son existence, à sa présence? Nous y croirons, messieurs, pour peu que nous comprenions quelque chose à la religion que nous professons. Car, faites-y bien attention, tout dans l'économie du christianisme, prières, bénédictions, sacrifices et sacrements, tout encore une fois ne tend qu'à *déposséder* le monde du démon, qui en est le prince. Supprimez le démon : et notre religion tout entière, cette grande et belle et sainte religion, la seule véritable, qui a civilisé l'univers, elle n'est plus qu'une indéchiffrable énigme, ou plutôt un véritable non-sens. Enfin, messieurs, nous ne pouvons point ne pas croire au mal : il est visible autour de

[1] Fratres, sobrii estote et vigilate : quia adversarius vester diabolus tanquam leo rugiens circuit, quærens quem devoret : cui resistite fortes in fide. (1. Pet. v. 8.)

nous, visible en nous-mêmes : croyons également à l'esprit du mal, et sachons, dans la conduite de la vie, tirer les conséquences pratiques de notre croyance.

NOTES

NOTES

Note A , page 25.

« Nous n'avons point dessein de montrer dans l'homme l'âme plus excellente par sa nature que la matière charnelle, mais de prouver que notre corps lui a été spécialement fixé pour sa résidence, et qu'elle existe également dans toutes ses parties et pour toutes. Elle ne l'embrasse pas extérieurement ; elle n'est point renfermée à l'intérieur, comme nous disons qu'un vase ou un objet quelconque est contenu dans un autre, quand nous l'y avons renfermé. Les nœuds et la société de l'âme avec le corps sont soumis à des lois que la parole ne peut dévoiler, que l'intelligence ne saurait pénétrer. L'âme n'est point dans le corps, puisqu'il n'est pas convenable qu'une enveloppe matérielle puisse renfermer une substance spirituelle. Elle ne nous embrasse pas extérieurement, puisque rien ne peut être contenu dans un être incorporel, mais par un ordre dans les mystères duquel le discours et la méditation se perdent également, elle est présente à la nature, elle lui est unie, elle existe en elle et autour d'elle ; elle n'y réside pas, elle ne l'environne pas, mais elle y est présente encore une fois par des lois qu'on ne peut ni expliquer ni comprendre. Nous savons seulement que l'âme jouit de toute son activité quand la nature est vigoureuse et saine, tandis que son action est paralysée là où la nature a souffert. » (Saint Grégoire de Nysse, *De hominis opificio*, ch. 15.)

Note **B**, page 27.

Bossuet, dans un de ses sermons, assimile, d'une manière sublime, aux relations intimes des trois personnes de la sainte Trinité celles des trois facultés supérieures de notre âme. Ecoutons l'aigle de Meaux.

« En effet, comme la Trinité très-auguste a une source et une fontaine de divinité, ainsi que parlent les pères grecs, un trésor de vie et d'intelligence, que nous appelons le Père, où le Fils et le Saint-Esprit ne cessent jamais de puiser, de même l'âme raisonnable a son trésor qui la rend féconde. Tout ce que les sens lui apportent du dehors, elle le ramasse au dedans, elle en fait comme un réservoir, que nous appelons la mémoire ; et de même que ce trésor infini, c'est-à-dire le Père éternel, contemplant ses propres richesses, produit son Verbe, qui est son image, ainsi l'âme raisonnable, pleine et enrichie de belles idées, produit cette parole intérieure que nous appelons la pensée, ou la conception, ou le discours, qui est la vive image des choses. Car ne sentons-nous pas, chrétiens, que lorsque nous concevons quelque objet, nous nous en faisons en nous-mêmes une peinture animée, que l'incomparable saint Augustin appelle le fils de notre cœur : *Filius cordis tui ?* Enfin, comme en produisant en nous cette image qui nous donne l'intelligence, nous nous plaisons à entendre, nous aimons par conséquent cette intelligence; et ainsi de ce trésor, qui est la mémoire, et de l'intelligence qu'elle produit, naît une troisième chose qu'on appelle amour, en laquelle sont terminées toutes les opérations de notre âme. Ainsi du Père, qui est le trésor, et du Fils, qui est la raison et l'intelligence, procède cet Esprit infini qui est le terme de l'opération de l'un et de l'autre; et comme le Père, ce trésor éternel, se communique sans s'épuiser, ainsi ce trésor invisible et intérieur que notre âme renferme en son propre sein, ne perd rien en se répandant ; car notre mémoire ne s'épuise pas par les conceptions qu'elle enfante ; mais elle demeure toujours féconde, comme Dieu le Père est toujours fécond. (Bossuet, *Sermon sur le mystère de la très-sainte Trinité.*)

Note **C**, page 28.

Le naturaliste Lacépède, qui ne dormait que deux ou trois heures, et employait le reste de la nuit à composer, retenait fidèlement dans sa mémoire toutes les phrases, tous les mots ; ils étaient comme écrits dans son cerveau, et, vers le matin, il les dictait à un secrétaire. « Il nous a assuré, dit Cuvier, qu'il pouvait retenir ainsi des volumes entiers, y changer dans sa tête ce qu'il jugeait à propos, et se souvenir du texte ainsi corrigé, tout aussi exactement que du texte primitif. »

Le fait positif, incontestable, évident, de l'inégalité des hommes entre eux, sous le rapport intellectuel et moral, peut soulever une question intéressante qui domine les considérations que nous venons de présenter à ce sujet. Cette inégalité est-elle réellement dans les âmes elles-mêmes, ou ne tiendrait-elle qu'à l'organisme? En d'autres termes, et pour ne parler toujours que des facultés intellectuelles, ne pourrait-on pas supposer toutes les intelligences égales en elles-mêmes, mais inégales dans leurs manifestations, à raison seulement de la différence des organismes auxquels ces intelligences se trouvent associés? Dans ce cas, l'intelligence plus ou moins vive et forte chez les divers individus, se comparerait assez bien à la lumière d'une lampe, rayonnant plus ou moins vivement selon qu'elle est enfermée dans un verre poli ou dépoli. C'est une question qui probablement ne comportera jamais d'autre réponse que l'humble aveu de notre ignorance; et quoi qu'il en soit au reste, les conséquences de l'inégalité demeurent exactement les mêmes.

Note **E**, page 35.

A l'appui de l'opinion des *vitalistes*, on peut citer le passage suivant du comte de Maistre :

« Je n'ignore pas que la doctrine des deux âmes fut condamnée dans les temps anciens, mais je ne sais si elle le fut par un tribunal compétent : d'ailleurs il suffit de s'entendre. Que l'homme soit un être résultant de l'union de deux âmes, c'est-à-dire de deux principes intelligents de même nature, dont l'un est bon et l'autre mauvais, c'est, je crois, l'opinion qui aurait été condamnée, et que je condamne aussi de tout mon cœur. Mais que l'intelligence soit la même chose que le principe sensible, ou que ce principe qu'on appelle aussi *le principe vital*, et qui est *la vie*, puisse être quelque chose de matériel, absolument dénué de connaissance et de conscience, c'est ce que je ne croirai jamais, à moins qu'il ne m'arrivât d'être averti que je me trompe par la seule puissance qui ait une autorité légitime sur la croyance humaine. Dans ce cas, je ne balancerais pas un instant, et au lieu que, dans ce moment, je n'ai que la *certitude* d'avoir raison, j'aurais alors la *foi* d'avoir tort. Si je professais d'autres sentiments, je contredirais de front les principes qui ont dicté l'ouvrage que je publie, et qui ne sont pas moins sacrés pour moi. » (J. de Maistre, *Éclaircissement sur les sacrifices*, chap. Ier.)

Note **F**, page 47.

Pour parler avec exactitude, l'immortalité de l'âme
n'est pas une conséquence logiquement nécessaire de
sa spiritualité : car bien que cette substance spirituelle
n'ait en elle-même aucune cause de destruction, Dieu,
qui l'a créée, pourrait parfaitement l'anéantir, si telle
était sa volonté. Il s'ensuit que, pour affirmer l'immortelle existence de l'âme, nous avons besoin de connaître à cet égard la volonté de Dieu. Or comment la
connaissons-nous, cette volonté divine? par la raison
et par la révélation. La raison nous dit, nous prouve
que la sagesse, la bonté et la justice de Dieu deman-
dent nécessairement la survivance de l'âme au corps ;
et si elle ne peut rigoureusement démontrer l'éternité
de cette survivance, l'immortalité absolue de notre
âme, la révélation vient, à son défaut, nous l'affirmer de la manière la plus positive. (Voir à ce sujet,
La Luzerne, *Dissertation sur la loi naturelle.*)

Note G, page 62.

Qu'est-ce, à vrai dire, que le surnaturel? Dans
le sens étymologique et absolu du mot, c'est ce qui
est au-dessus de la nature : et si par nature on entend
ordinairement l'universalité des êtres et des faits compris dans cette partie de la création qui, directement
ou indirectement, tombe sous nos sens, le surnaturel
sera Dieu d'abord, de qui la nature tient son existence ; et ensuite ce qui existe en dehors du cercle que
nous venons de tracer, c'est-à-dire l'ange, ou ce qui
se passe contrairement aux lois ordinaires de cette
nature ainsi circonscrite, c'est-à-dire le miracle.

Mais les mots ont souvent plus d'un sens. Dans l'ac-
ception théologique, surnaturel veut dire encore sura-
jouté à la nature, comme les priviléges de l'incor-

ruptibilité et de l'immortàlité, dont Dieu, en créant l'homme, avait enrichi sa nature, qui, matérielle en partie, tout entière venue du néant, et par conséquent défectible, ne comportait point, par elle-même, ces attributs.

Que l'on donne au mot celle que l'on voudra de ces deux significations, nier le surnaturel, c'est donc : ou nier l'existence de Dieu, ou nier qu'il ait le pouvoir ou le droit soit de créer des êtres immatériels, soit de déroger exceptionnellement, dans sa souveraine indépendance, aux lois par lui-même établies ; ou enfin nier qu'il puisse ou doive élever une créature quelconque au-dessus des conditions premières de son existence : trois négations dont la triple absurdité a été mille fois démontrée.

Note **H** , page 70.

Dionysius vulgo *Areopagita* nuncupatus, angelos omnes in *tres classes* sive *hierarchias* dispescit , *supremam,*
nimirum, *mediam* atque *ultimam.* Ad supremam classem
refert *thronos, cherubim* atque *seraphim* , qui semper
Deum circumstent, et cum eo, nulla re interjecta,
conjungantur. In media collocat *dominationes* , quæ
regant officia angelorum ; *principatus* , qui populis
provinciisque præsint, et *potestates ,* quæ potentiam
malorum geniorum cœrceant. Ad tertiam denique,
seu infimam classem, refert *virtutes* , quæ miraculorum
operationem sibi delegatam habeant; *archangelos* , qui
majora nuntient mortalibus; atque *angelos* , qui in
minoribus adhibeantur negotiis. Hanc sententiam am-
plexi sunt S. Gregorius Magnus, S. Joannes Damascenus,
Petr. Lombardus, S. Thomas de Aquinate, etc. (Ar-
deler , *Dissert. de Angelis* , 1 vol. in-4°, p. 46)

Note I, page 70.

Suarez (François), de la compagnie de Jésus, célèbre théologien espagnol, né à Grenade en 1548, mort à Lisbonne en 1617. Nous avons de lui vingt-trois volumes in-folio, imprimés à Lyon, à Mayence, et pour la dernière fois à Venise, 1748, presque tous sur la théologie et la morale. Grotius disait de lui qu'il était si profond philosophe et théologien, qu'à peine était-il possible de trouver son égal. Le pape Benoit XIV, dans son ouvrage *De Synodo diœcesana*, l'appelle *doctor eximius*, et en lui associant Vasquez, il les nomme *les deux lumières de la théologie.* Bossuet, citant ce théologien, dit : *Suarez en qui, comme l'on sait, on entend toute l'école moderne.* Selon Feller, à qui nous empruntons ces détails, il serait à désirer cependant que les grandes lumières que renferme sa théologie fussent dégagées de beaucoup de discussions superflues, et qu'il fallût moins les chercher. Aussi pieux que savant, Suarez mourut avec une rare tranquillité, disant, à son heure dernière, ces remarquables paroles souvent citées : *Je ne pensais pas qu'il fût si doux de mourir.*

Note **J**, page 71.

S. Thomas d'Aquin, homme d'un génie prodigieux,
et qui ne saurait être comparé qu'aux Platon et aux
Aristote, avec la supériorité que leur donne sur eux
la certitude inhérente à la science révélée, dont il
est un des principaux oracles. Surnommé, dans son
temps, *le docteur universel*, *le docteur angélique*,
l'ange de l'école, et regardé, de nos jours encore,
comme le prince de la théologie, il florissait en ce
siècle de S. Louis, illustré en même temps par la
science des Bonaventure, des Albert le Grand, des
Vincent de Beauvais, et par le plus magnifique rayon-
nement de cet art du moyen âge, que notre époque
a si bien vengé des injustes dédains des deux derniers
siècles. Il était né en 1227, au château de Rocca-

Secca, dans le royaume de Naples, près de l'abbaye de Mont-Cassin, et mourut en 1274, âgé de 48 ans ; vie bien courte, dit un biographe, en comparaison de la multitude et de l'excellence de ses écrits. Ses œuvres complètes ont été plusieurs fois imprimées, la dernière fois à Venise, 1745, 20 vol. in-4°.

Note **K**, page 76.

Nous ne savons pas quelle place tient saint Gabriël au ciel. Quelquefois l'Ecriture sainte et les docteurs de l'Eglise l'appellent ange, d'autrefois archange [1]; néanmoins le mystère pour lequel il descendit du ciel, par son excellence et sa sublimité, nous donne assez à connaitre que le message qu'il apporta devait être fait par un des premiers princes de cette armée céleste, qui ont la charge d'administrer les choses humaines. Car si les rois de la terre, pour traiter des affaires d'importance, envoient les grands de leur royaume, et que plus la chose est considérable, plus ils font choix d'une personne illustre et qualifiée; il est sans

[1] L'Ecriture ne l'appelle point archange. (*Remarque de l'auteur.*)

doute que, pour négocier la plus grande chose que Dieu ait jamais faite, il a choisi un de ses principaux ministres, puisque tout le bon ordre et la police des cours des rois de la terre n'est qu'une image et un léger crayon de l'ordre et de la disposition du ciel. (Ribadénéira, *Les Vies des Saints*, traduction française).

Note L, page 77.

La pratique de l'*Angelus* a été introduite pour nous
faire ressouvenir d'élever au moins trois fois le jour
notre esprit et notre cœur vers Dieu ; de l'adorer, de le
remercier de tous ses bienfaits, et surtout de celui de
l'incarnation ; de nous recommander à la sainte Vierge,
qui a eu tant de part à ce mystère. — Benoît XIII donna
le 14 septembre 1724 un bref universel et perpétuel
d'indulgences, en faveur des fidèles qui réciteraient à
genoux la prière *Angelus* avec trois *Ave Maria*,. au son
de la cloche, soit le matin, soit à midi, soit le soir
au coucher du soleil. — Benoît XIV, par une déclara-
tion du 20 avril 1742, a décidé : 1° que l'*Angelus* se
dirait debout, tous les dimanches, dès les premières
vêpres, lesquelles ont lieu vers deux heures après-

midi. Ainsi l'*Angelus* doit se dire debout le samedi soir... 2° Que durant le temps pascal, c'est-à-dire depuis le samedi saint, à midi, jusqu'au samedi de la Pentecôte, à midi, on récitera debout le *Regina cœli*, avec le verset et l'oraison *Deus qui per resurrectionem*, au lieu de l'*Angelus*... Les indulgences accordées par le bref de Benoît XIII dont nous venons de parler, sont : 1° Indulgence plénière, une fois le mois, pour les fidèles qui auront récité, au son de la cloche, l'*Angelus*, ou le *Regina cœli* pendant le temps pascal, au moins une fois chaque jour du mois, pourvu qu'au jour qu'ils choisiront pour gagner cette indulgence, s'étant confessés et ayant communié, ils prient selon les intentions de l'Eglise. 2° Indulgence de cent jours à gagner, chaque fois que l'on récite l'*Angelus* ou le *Regina cœli* au son de la cloche. (Guillois, *Explication du catéchisme*, huitième édition, tome troisième, pages 626 et 627.)

Note **M**, page 84.

La poésie s'est heureusement inspirée de la croyance à l'Ange gardien dans les vers suivant de Reboul, le célèbre boulanger-poëte.

L'ANGE ET L'ENFANT.

Un ange au radieux visage,
Penché sur le bord d'un berceau,
Semblait contempler son image,
Comme dans l'onde d'un ruisseau.

« Charmant enfant qui me ressemble,
Disait-il, oh ! viens avec moi;
Viens, nous serons heureux ensemble :
La terre est indigne de toi.

» Là, jamais entière allégresse ;
L'âme y souffre de ses plaisirs :
Les cris de joie ont leur tristesse,
Et les voluptés leurs soupirs.

» La crainte est de toutes les fêtes ;
Jamais un jour calme et serein
Du choc ténébreux des tempêtes
N'a garanti le lendemain.

» Eh quoi ! les chagrins, les alarmes
Viendraient troubler ce front si pur !
Et par l'amertume des larmes
Se terniraient ces yeux d'azur !

» Non, non, dans les champs de l'espace
Avec moi tu vas t'envoler :
La Providence te fait grâce
Des jours que tu devais couler.

» Que personne, dans ta demeure,
N'obscurcisse ses vêtements,
Qu'on accueille ta dernière heure
Ainsi que tes premiers moments.

» Que les fronts y soient sans nuage,

Que rien n'y révèle un tombeau :

Quand on est pur comme à ton âge,

Le dernier jour est le plus beau. »

Et, secouant ses blanches aîles,

L'ange, à ces mots, a pris l'essor

Vers les demeures éternelles...

Pauvre mère!.... ton fils est mort.

Note **N**, page 89.

« Qu'il y ait dans le monde un certain genre d'esprits malfaisants que nous appelons des démons, outre le témoignage évident des Ecritures divines, c'est une chose qui a été reconnue par le consentement commun de toutes les nations et de tous les peuples. Ce qui les a portés à cette créance, ce sont certains effets extraordinaires et prodigieux qui ne pouvoient être rapportés qu'à quelque mauvais principe et à quelque secrète vertu dont l'opération fût maligne et pernicieuse. Les histoires grecques et romaines nous parlent en divers endroits de voix inopinément entendues, et de plusieurs apparitions funèbres arrivées à des personnes très-graves et dans des circonstances qui les rendent très-assurées ; et cela se confirme encore par cette noire science de la magie, à laquelle plusieurs personnes trop curieuses se sont adonnées dans toutes les parties de la terre. Les Chaldéens et les sages d'Egypte, et surtout cette secte de philosophes Indiens que les Grecs appellent gymnosophistes, étonnoient les peuples par diverses illusions, et par des prédictions trop précises pour venir purement par la connaissance des astres. Ajoutons-y encore certaines agitations et des esprits et des corps, que les païens mêmes attribuoient à la vertu des démons, comme vous le verrez par une observation que nous en ferons en la dernière partie de cet entretien. Ces oracles trompeurs et ces mouvements terribles des idoles, et les prodiges qui arrivoient dans les entrailles des animaux, et tant d'autres accidents monstrueux des sacrifices des idolâtres, si célèbres dans les auteurs profanes; à quoi les attribuerons-nous, Chrétiens, sinon à quelque cause occulte, qui, se plaisant d'entretenir les hommes dans une religion sacrilége par des miracles pleins d'illusion, ne pouvoit être que malicieuse? Si bien que les sectateurs de Platon et de Pythagore, qui, du commun consentement de tout le monde, sont ceux qui de tous les philosophes ont eu les connoissances les plus relevées, et qui ont recherché plus curieusement les choses surnaturelles, ont assuré comme une vérité très-constante qu'il y avoit des démons, des esprits d'un naturel obscur et malicieux... »

(BOSSUET, 1er *Sermon pour le premier dimanche de carême*, sur les Démons.)

Note **O** , page 91.

Les traditions mythologiques les plus anciennes sont ici, comme toujours, d'accord avec l'enseignement des Livres saints. Peut-on ne point reconnaître le *Satan* de l'Ecriture dans la déesse *Até* d'Homère? *Cette terrible et pernicieuse fille de Jupiter, dont l'emploi est de nuire... qui fit autrefois sentir son pouvoir à Jupiter même, quoi qu'il soit plus puissant que tous les hommes et que tous les dieux... que Jupiter précipita du palais étoilé, jurant qu'elle ne reparaîtrait jamais dans l'Olympe; et qui, tombée dans le malheureux séjour des hommes, y exerce ses fureurs...* (Voir l'*Iliade* d'Homère, livre xix.)

Note **P** , page 96.

Rire du diable n'est pas chose précisément illicite,
pourvu qu'on en rie à la manière des gens pieux,
et non point à la façon des incrédules. La mépri-
sante *subsannation* des croyants est un supplice pour
l'esprit de ténèbres : l'ignorante moquerie des autres
fait, au contraire, ses délices. La plume trop peu
connue du R. P. Angelin, jésuite, s'est fort spiri-
tuellement égayée, aux dépens de Lucifer, dans la
pièce de vers suivante, que les amateurs de bonne
latinité moderne me sauront gré, je l'espère, de
transcrire ici, pour leur amusement.

DÆMON NASO CAPTUS A S. DUNSTANO.

SCAZON.

Dunstanus, anglicana gemma, viscosas
Opum ac honoris atque gloriæ bullas,

Et bracteatæ vanitatis armillas,

Velut putamen æstimans nucis cassæ,

Valefecit aulæ, lubricæ viæ cœno.

    Digressus inde, lætus ilicet sese

Compegit arctâ cellulâ, rogatuque

Pulsare creber cæpit igneo cœlum,

Vindicibus artus delicatulos pœnis

Cruciare, lacrymis impluens solum densis.

Si cui venire, si luberet audire,

Creber salutis monita sana dictare.

Quin penicillo, quo valebat insigni,

Icuncularum signa bella divarum

Subinde fingens, et subinde ludebat

Imitans in udâ, quæ luberet, argillâ.

Erat et eburnos corneosque crateras

Artifice torno moliens ; caminumque

Fornaculamque machinatus et folles,

Variumque cœlum, forcipesque, fallendo

Sudore vario tempori, modò is lamnas

Argenteasve ferreasve tundebat

In varia anaglypha, nunc et æreas sollers

Industrioque celte fabricabatur

Genus omne statuas. Sic Deo et sibi vivens

Placida terebat tempora et dies puros.

Invidit Auctor invidentiæ, morso
Non leviter ungue, dentibusque luxatis,
Per et Acherontis ima summa juratus,
« O calve, faxo, calve, ne diu tantus
» Talisque degas. » Dixit, et viri formâ
Se conspicandum præbet ad fenestellam,
Sibique fieri fabrè quidpiam poscit. •

Dunstanus ibat, jamque forcipes præstò
Admorat igni, et frusta virginis ferri,
Quando esse multiformis et merus Proteus
Scelus ille cæpit, voce, fronte, vestitu.

Agnovit ora mutuáta Dunstanus,
Ursum latere veste subter humanâ,
Subque variante pileo doli nidum.
Dissimulat, atque turbulentiùs pingues
Extimulat ignes ingruentibus ventis,
Lithanthracesque congerens acervatim,
Asperginisque crebrâ compluens imbre,
Incogitanti ferream fabam cudit.

Primùm seniculus ille visus est vultu,
Edentulus, capularis, obsitus rugis,
Similemque lanæ succidæ gerens barbam,

Colore nasum coctili parem cancro,

Oculum natantem in lippitudinis stagno :

Et scipionem motitabat ambustum,

Grandemque gibbum postferebat in tergo.

Tunc excreando, tussiendo, nugando

Nugas aniles, si potest, viro bilem

Ciere satagens. Interim Faber sanctus

Indulget operi, flabra anhela sustollit,

Agitatque flammas ; fumus ater it cœlo ;

Animosa volitat hinc et inde scintilla.

    Nova scena : namque prodit ore converso

Dæmon puellus derepentè pulchellus,

Lascivus ore, doctus eloqui mella,

Oculo decoro sed salace, crispatâ

Comâ, sub aures pendulâ, Paris totus.

    Dunstanus oculo contuetur obliquo.

Interea folles torridùm, horridùm spirant,

Candere forceps properat, et velut prædâ

Gestire visus, et salire vicinâ.

    Exin procacem, sed venustulam Proteus

Dat se puellam, bella colla nudatam,

Libidinosi dente pectinis comptam.

    Sperabat Orci pabulum, genis blandis,

Naso venustè longiusculo , labris
Roseis , ocellis morsicantibus , voce
Meretrice , castum turpitudinis flammâ
Animum Beati vellicare furtivâ.

Ille vice versâ mox et impiger, dextrè
Collineatâ dextera rapit ferro
Candente nasum ; pervicaxque constringit,
Ne quâ viâ vi præda possit elabi.

Exoritur atrox pugna : Tartaro teste,
Ab orbis incunabulis par non fuit ;
Et præcavente Tartaro , par non erit.
Vivit etiamnum nidor improbus nasi
Forcipe coruscâ luculenter exusti.

Dunstanus igitur retroactus , et ferrum
Tenace comprimens manu, refragantem
Introrsus advocare per fenestellam
Nasum petulci dæmonis : sed hic grandi
Certat ululatu, certat impiis diris ,
Queis animi Erinnys insolentior bullit.
Nostrate nares frendet igne torreri,
Et se superbus retibus suis captum ,
Nasoque captum insanit a fabro vili.
Furit, execratur, imprecatur horrenda ;

Deripere sese pugnat omnibus pugnis,

Pede, dente, linguâ, dextera sinistrâque,

Stridoribusque sibilisque decertans,

Et nunc maledico felle, nunc precum melle,

Emancipandi quæritat vias nasi.

Verum labore sudat improbo, sudat

Labore dæmon improbissimo : nasum

Dunstanus arctat arctius, pio risu

Vinctum flagellans, impium facit ludos.

Veniâ ille tandem forcipis relaxati,

Nidore plenus, et pudore suffusus,

Repetit Averni limen, occulens nasum,

Jocosa risus ansa ne suis fiat.

Iô triumphe, iô triumphe, Dunstane,

Jure ille sartor invidentiæ, pænas,

Nil minùs opinans, has suo suit naso,

Ipse sibi turdus, et vorans quod intrivit.

(*Pia Hilaria R. P. Angelini Gazæi, è societate Jesu, Atrebatis, nova editio, Antverpiæ, ex officinâ Plantinianâ Balthasaris Moreti, 1629, in-18, page 14.*)

Note Q , page 97.

La Magie au XIXe *siècle, ses agents, ses vérités, ses mensonges*, par le chevalier Gougenot des Mousseaux, auteur du livre *Dieu et les dieux, etc.* ; précédée d'une lettre adressée à l'auteur par le P. Ventura de Raulica.

M. des Mousseaux, dit un critique a parfaitement raison d'affirmer qu'en supprimant arbitrairement tout un ordre de la création, tout, dans l'histoire, la religion, l'étude de la nature et celle des sciences, tout est semé d'énigmes, tout se hérisse de problèmes insolubles, tandis qu'avec l'étude très-simple des agents et des ressources de l'art magique, conduite au double jour de la tradition et de l'expérience..., se trouvent à la fois expliqués et justifiés devant notre raison et ces récits de prodiges dont nous effarouche l'histoire des peuples idolâtres comme l'histoire des nations chrétiennes, et tant de phénomènes énigmatiques des sciences profanes, auxquels toutes les lois de la physique ne sauraient attribuer une raison d'être ; l'accord entre toutes ces puissances, dont la fréquente hostilité nous causait d'étranges étonnements, devient alors aussi subit que complet, et partout, entre elles, nous voyons renaître une harmonie que le bon sens n'y avait cherchée trop souvent qu'avec une malheureuse impuissance...

M. des Mousseaux parle comme les plus grands penseurs, et souvent même comme les plus libres penseurs, dès que leur génie les élève malgré eux jusqu'à la vérité. Ainsi c'est devant un simple fait de *seconde vue*, que le trop illustre Kant laissait tomber ces paroles : « On en viendra un jour à *démontrer* que l'âme humaine vit, dès cette existence, en communication *étroite*, *indissoluble*, avec les natures immatérielles du monde des esprits ; que ce monde agit sur le nôtre et lui communique des impressions profondes. » Il n'est pas jusqu'à la science chimique elle-même qui n'ait entrevu souvent, par delà ses *alambics* et ses *cornues*, un règne bien supérieur au sien. « Nous sommes les maîtres de la terre, dit le célèbre Davy, mais peut-être ne sommes-nous après tout que les *serviteurs d'êtres qui nous sont inconnus?* La mouche que notre doigt écrase ne connaît pas l'homme et n'a pas la conscience de sa supériorité sur elle : il peut donc y avoir de même des êtres pensants *près de nous* ou *autour de nous,* que nous ne pouvons ni voir ni même imaginer. Nous savons peu de chose..... » (Davy, *Chimie.*)

Quelle différence y a-t-il donc en ce moment entre les grands penseurs et M. des Mousseaux, sinon que ce dernier vient démontrer par des faits, c'est-à-dire par l'*expérience* et l'*observation* (ces deux principes *théoriques* de la philosophie moderne), ce que les autres avaient fini par pressentir? Mais si la distance est courte entre notre auteur et ces grands maîtres, le mot abîme ne suffit plus, c'est le néant, c'est le chaos qui les sépare des savants myopes, dont le principe est la négation *à priori* de tout principe spirituel,

Note **R**, page 100.

Un missionnaire apostolique en Océanie, parlant du cannibalisme des insulaires de l'archipel de Fidgi ou Viti, rapporte ce qui suit :

« Dernièrement une pirogue ayant échoué contre une île ennemie, les naufragés furent aussitôt garrottés et traînés à terre. Pendant qu'on préparait le four, les allants et venants coupaient aux uns les oreilles, aux autres le nez, et les mangeaient tout crus. Le four étant chaud, on s'approcha des malheureux captifs, et on se mit à les dépecer tout vivants. Ils poussaient des hurlements épouvantables : mais les bourreaux n'y faisaient pas même attention. A chaque amputation, un plat était présenté pour recueillir jusqu'à la moindre goutte de sang. Quelques instants après, les cris ne se faisaient plus entendre : les victimes avaient cessé de vivre. On mit au four leurs cadavres en pièces, et quand ils furent cuits, une populace avide accourut pour s'en repaître. Quiconque tombe ainsi entre les mains des ennemis doit s'attendre à un semblable traitement... Dans la guerre, la coutume est de tuer et de manger tout ce qu'on prend. On réserve les enfants pour les faire tuer par des enfants..... » (Lettre du P. Padel, en date du 6 avril 1856, dans les *Annales de la propagation de la foi*, cahier de mai 1857.)

Telle est la méchanceté de l'homme sauvage poussé par la puissance des ténèbres. Les atrocités commises en Syrie par les Druses et les Turcs en 1860, et les crimes des hommes de la *Terreur* en 93, montrent que, sous la même inspiration, des scènes d'une barbarie presque égale peuvent avoir lieu dans les sociétés demi-civilisées et même au sein de la civilisation la plus avancée. Qu'on se rappelle aussi l'épouvantable sort des esclaves chrétiens dans l'ancienne régence d'Alger, dont Bossuet disait [1] : « S'il y a quelque chose au monde, quelque servitude capable de représenter à nos yeux la misère extrême de la captivité horrible de l'homme sous la tyrannie des démons, c'est l'état d'un chrétien captif sous la tyrannie des mahométans. »

[1] *Panégyrique de saint Pierre Nolasque.*

Note **S,** page 118.

Les deux expressions dont je me sers ici concur-
remment rappellent à dessein, d'une part, la grande
conception philosophique de Leibnitz de la *préexis-
tence des germes*, d'autre part, la théorie de la *force
de reproduction*, de M. Flourens, qui a pour elle les
expériences positives faites par lui sur les métis. Citons
un passage de cet illustre physiologiste.

« La vie, dit M. Flourens, ne commence pas à
chaque nouvel individu, elle se continue; elle n'a
commencé qu'une fois pour chaque espèce.

» Déposée par l'Ouvrier suprême dans le premier
couple de chaque espèce, la vie se continue depuis
dans tous les individus de cette espèce : c'est une

chaîne dont tous les anneaux se tiennent. Si un anneau vient à manquer, l'espèce est perdue; elle ne renaît plus.....

» Pour que la vie se continue ainsi par chaînons successifs, il faut nécessairement de deux choses l'une: ou que le Créateur ait accumulé dans le premier être de chaque espèce tous les germes des individus futurs de l'espèce : c'est l'hypothèse de Leibnitz, et nous ne pouvons l'admettre, elle est contraire aux faits; ou que le Créateur ait doué le premier être de la faculté de reproduire indéfiniment son espèce, et c'est évidemment là ce qui est.

» Il existe dans l'économie animale une *force de reproduction*. Je ne l'imagine pas, elle est démontrée par les faits.....

» On me dit que cette force est obscure. Oui sans doute, elle est très-obscure. Mais quoi de plus obscur en soi, que toutes les grandes forces physiologiques, la sensibilité, la motricité, la volonté, l'instinct des animaux, la vie enfin? C'est le caractère des forces *expérimentales*, c'est-à-dire révélées par l'expérience, d'être manifestes par leurs effets et impénétrables dans leur essence. »

(Flourens, *Ontologie naturelle*, 1861, pages 117 et 120, quatorzième leçon.)

FIN

TABLE

LILLE. TYP. L. LEFORT. M D CCC LX III

Œuvres complètes du cardinal Giraud, archevêque
de Cambrai, précédées de sa vie, par M. l'abbé
Capelle. nouvelle édition. 1 volume grand in-8°.
à deux colonnes. portrait et *fac simile*.   9 »
— édition en 4 volumes in-12.   .   14 »

Saint Ambroise; sa vie et extraits de ses écrits. in-8°.
portrait.   .   .   .   .   3 »

Saint Athanase; sa vie et extraits de ses écrits. in-8°
portrait.   .   .   .   .   3 »

Saint Augustin; sa vie et extraits de ses écrits. in-8°.
portrait.   .   .   .   .   3 »

Saint Basile; sa vie et extraits de ses écrits. in-8°.
portrait.   .   .   .   .   3 »

Saint Bernard; sa vie et extraits de ses écrits. in-8°.
portrait.   .   .   .   .   3 »

Saint Cyprien; sa vie et extraits de ses écrits. in-8°.
portrait.   .   .   .   .   3 »

Saint Ephrem; sa vie et extraits de ses écrits. in-8°.
portrait.   .   .   .   .   3 »

Saint Grégoire de Nazianze; sa vie et extraits de ses
écrits. in-8°. portrait.   .   .   .   3 »

Saint Jean Chrysostôme; sa vie et extraits de ses
écrits. in-8°. portrait.   .   .   .   3 »

Saint Jérôme; sa vie et extraits de ses écrits. in-8°.
portrait.   .   .   .   .   3 »

Ces dix volumes, dit la Bibliographie catholique, *sont des
traités complets de morale, recueillis des pensées de leurs
saints auteurs, et resserrés dans des cadres bien remplis.*

LILLE. — TYP. L. LEFORT. M D CCC LXIII.